# 諸子中以數字顯現的百家之學

董 金 裕 著

文 史 哲 學 集 成
文史哲出版社印行

國家圖書館出版品預行編目資料

諸子中以數字顯現的百家之學 / 董金裕著.
-- 初版 -- 臺北市:文史哲出版社,
民 110.12
　頁；　公分(文史哲學集成;739)
ISBN 978-986-314-577-6(平裝)


1.先秦哲學

121　　　　　　　　　　　　　110020453

文史哲學集成　739

# 諸子中以數字顯現的百家之學

著　　者:董　　金　　裕
出 版 者:文 史 哲 出 版 社
http://www.lapen.com.tw
e-mail:lapen@ms74.hinet.net
登記證字號:行政院新聞局版臺業字五三三七號
發 行 人:彭　　正　　雄
發 行 所:文 史 哲 出 版 社
印 刷 者:文 史 哲 出 版 社
臺北市羅斯福路一段七十二巷四號
郵政劃撥帳號:一六一八〇一七五
電話886-2-23511028 · 傳真886-2-23965656

## 定價新臺幣三〇〇元

二〇二一年(民一一〇)十二月初版

# 序　言

　　在我國各家各派的典籍或思想中，有許多以數字顯現的道理，既有助於記誦，也能讓人反復體味道理的意蘊，進而深入探討其得失或付諸於實踐，誠為有益於學的一大方便法門。有鑑於此，筆者多年以來即在有意識之下，撰寫好幾篇以數字顯現道理的文章，有取資於儒家經傳者，也有取資於諸子百家者。積稿漸多，乃於 2018 年將取資於儒家者彙整為《經傳中以數字顯現的儒家之道》，書成之後，頗蒙友朋謬賞，在此激勵之下，乃將取資於諸子百家者再彙集而成本書，以就教於同道。

　　全書共收錄論文十篇，類分為上下兩編，上編六篇，皆屬先秦諸子，其排列先道家，含老子的「三寶」：慈、儉、不敢為天下先；莊子寓言「朝三暮四」所寄託的「兩行」觀。其次為墨家，收錄墨子的「三表」：本之者、原之者、用之者。再來是儒家，收錄荀子的「禮之三本」：天地、先祖、君師。接著為陰陽家，收錄鄒衍的「五德終始」說、「大九州」說。最後則是法家，收錄韓非子的「二柄」：刑、德。下編四篇，皆為唐以後至民國的作品，包括唐朝韓愈的性分上、中、下三品的「性三品」說。明朝湛若水「四勿總箴」的目標：一貫之教。以及王陽明的「四句教」：無善無惡是心之體，有

善有惡是意之動，知善知惡是良知，為善去惡是格物。民國孫中山所提倡的「八德」：忠、孝、仁、愛、信、義、和、平。

　　以上十篇論文皆曾發表於學術會議或學術期刊或報刊上，已於各文之下分別注明。由於各會議、期刊、報刊對論文規格的要求並非完全相同，現在既然彙整為一書，因而藉此機會統一體例，並修潤部分文句，期使意旨更為明白確實。此外，考慮各篇皆附有當頁注，以交代引文出處，或對仍有必要再解釋者加以說明，亦即所參考的著作從當頁注即可了然，故於書末不再增列參考書目。

　　全書所收各篇文章皆屬筆者研讀諸子百家著作有所感受，並且深信不疑的心得，雖不敢自認為絕對適切，但確實是反復沉潛思考的成果，其中難免仍有尚待斟酌之處，祈願博雅君子不吝指教，以匡補筆者的缺漏。

董金裕　謹誌於台北

2021 年 11 月

# 諸子中以數字顯現的百家之學

## 目　次

# 上　　編

# 壹、老子「三寶」的意蘊及其對吾人的啓示

　　《老子・六十七章》:「我有三寶，持而保之：一曰慈，二曰儉，三曰不敢為天下先。慈，故能勇；儉，故能廣；不敢為天下先，故能成器長。今舍慈且勇，舍儉且廣，舍後且先；死矣。夫慈，以戰則勝；以守則固。天將救之，以慈衛之。」[1]

## 一、前　言

　　一個人或一個群體，所寶貴的究竟是什麼？財富、名位或健康……向心力、競爭力或影響力……考量各有差異，選

---

1　有關本章的文句字詞，歷來爭論甚多，因非本文重點，故不考辨，此取嚴靈峰《老子達解》、陳鼓應《老子今註今譯》之說。

擇也就有所不同。據《禮記‧檀弓》記載，春秋時代晉國公子重耳，因遭遇國內災難逃亡到外國，歷經艱苦。多年後，其父晉獻公去世，秦穆公派人向重耳暗示可以幫助他回國即君位，重耳在舅犯的輔佐下，回復說：「喪人無寶，仁親以為寶。父死之謂何，又因以為利？」意謂逃亡在外的人沒有什麼可寶貴的，唯有仁愛父親才值得寶貴。怎麼能利用父親過世的時機，為自己謀取利益呢？最後婉拒了秦穆公的好意。[2]公子重耳不被一時的利益所誘引，而更重視親子之情，就是因為有此不急功近利、高瞻遠矚的眼光與胸襟，後來還是回國即位為晉文公，並且成為春秋五霸之一。

再據《國語‧楚語下》記載，楚國大夫王孫圉出使晉國，晉定公設宴招待時，作陪的晉國正卿趙簡子故意把身上佩戴的寶玉弄得玎琤作響，問王孫圉說楚國的寶玉「白珩」還在嗎？傳承多少代了？顯然認為寶玉才是值得珍貴的。不料王孫圉卻回答說楚國所寶貴的，一是楚國的人才，可為楚國在內政、外交上籌謀；二是楚國的物產，可以提供楚國人民生

---

2 戴聖編，鄭玄注，孔穎達疏《禮記正義‧檀弓下》：「晉獻公之喪，秦穆公使人弔公子重耳，且曰：『寡人聞之：亡國恒於斯，得國恒於斯。雖吾子儼然在憂服之中，喪亦不可久也，時亦不可失也。孺子其圖之。』以告舅犯，舅犯曰：『孺子其辭焉；喪人無寶，仁親以為寶。父死之謂何？又因以為利，而天下孰能說之？孺子其辭焉。』公子重耳對客曰：『君惠弔亡臣重耳，身喪父死，不得與於哭泣之哀，以為君憂。父死之謂何？或敢有他志，以辱君義？』稽顙而不拜，哭而起，起而不私。子顯以致命於穆公。穆公曰：『仁夫公子重耳！夫稽顙而不拜，則未為後也，故不成拜。哭而起，則愛父也。起而不私，則遠利也。』」台北：藝文印書館影印嘉慶二十年江西南昌府學開雕《重刊宋本禮記附校勘記》，1955 年，頁 166-167。按「仁親」，鄭玄注曰：「親行仁義」，筆者以為解作「仁愛父（母）親」較貼合本文文義。

活及軍事裝備之所需；至於「白珩」只不過是君王的玩物而
已，並不值得寶貴。[3]

　　另外，《孟子・盡心下》也記載說：「孟子曰：『諸侯之寶
三：土地、人民、政事。寶珠玉者，殃必及身。』」[4]認為土
地、人民、政事才是諸侯國君應該寶貴的事物，不應該把珠
玉當作寶貝，否則就要倒大霉了。

　　以上所述三人：晉文公、王孫圉、孟子，都是歷史上令
人敬佩的人物，他們所寶貴的都不是世俗所認為的名利，作
為道家代表人物的老子，也曾明白表達他所寶貴的共有三件
事。《老子・六十七章》開宗明義就說：

　　　我有三寶，持而保之：一曰慈，二曰儉，三曰不敢為
　　　天下先。[5]

　　慈、儉、不敢為天下先這「三寶」的意蘊究竟是什麼？

---

3 舊題左丘明著，韋昭注《國語・楚語下》：「王孫圉聘於晉，定公饗之，趙
　簡子鳴玉以相，問於王孫圉曰：『楚之白珩猶在乎？』對曰：『然。』簡子
　曰：『其為寶也，幾何矣？』曰：『未嘗為寶。楚之所寶者，曰觀射父，能
　作訓辭，以行事於諸侯，使無以寡君為口實。又有左史倚相，能道訓典，
　以敘百物，以朝夕獻善敗於寡君，使寡君無忘先王之業；又能上下說於鬼
　神，順道其欲惡，使神無有怨痛於楚國。又有藪曰雲連徒洲，金、木、竹、
　箭之所生也。龜、珠、角、齒、皮、革、羽、毛，所以備賦，以戒不虞者
　也。所以共幣帛，以賓享於諸侯者也。若諸侯之好幣具，而導之以訓辭，
　有不虞之備，而皇神相之，寡君其可以免罪於諸侯，而國民保焉。此楚國
　之寶也。若夫白珩，先王之玩也，何寶之焉？』」台北：九思出版有限公
　司，1978 年 11 月台 1 版，頁 579-580。
4 朱熹著《孟子集注・盡心下》，台北：大安出版社《四書章句集注》，2005
　年 8 月第 1 版第 5 刷，頁 521。
5 嚴靈峰著《老子達解・下篇》，台北：華正書局，1983 年 8 月版，頁 355。

對現代人來說，又有何啟示意義？凡此都是本文所欲探討者。

# 二、老子「三寶」的意蘊

老子雖然明言「三寶」為為慈、儉、不敢為天下先，但這三者之所指為何？由於《老子》用字甚簡，對此並未多加闡述，僅於提出「我有三寶，持而寶之：一曰慈，二曰儉，三曰不敢為天下先」之後隨即說：

> 慈，故能勇；儉，故能廣；不敢為天下先，故能成器長。今舍慈且勇，舍儉且廣，舍後且先；死矣。[6]

基本上是在說明「三寶」的效用：勇、廣、成器長，以及捨棄「三寶」之後的嚴重後果：死矣。對「三寶」的意蘊所述有限，為此，本文乃參酌《老子》各章相關文句之意，以及《老子》重要注家的闡釋，試加論述如下。

## （一）慈　慈，故能勇

按《老子》除六十七章以外，另有兩章提到慈，一為十八章：「六親不和，有孝慈。」二為十九章：「絕仁棄義，民復孝慈。」[7]綜合此兩句文意，謂當六親不和，人倫淪喪之時，

---

6 嚴靈峰著《老子達解‧下篇》，同注 5，頁 355-356。
7 嚴靈峰著《老子達解‧上篇》，同注 5，頁 88、頁 91。

才有表彰孝慈之舉。[8]只有大家拋棄虛假的仁義，人民才能恢復真正的孝慈天性。[9]

上舉兩章皆孝慈連言，按孝指兒女對父母應盡的倫理，慈則指父母對子女的照顧疼愛，父母為佑護子女，常能發揮難以想像的驚人力量，明瞭此義，則所謂「慈，故能勇」即不難理解。《韓非子‧解老》云：

> 愛子者慈於子，重生者慈於身，貴功者慈於事。慈母之於弱子也，務致其福；務致其福，則事除其禍；事除其禍，則思慮熟；思慮熟，則得事理；得事理，則必成功；必成功，則其行之也不疑，不疑之謂勇。聖人之於萬事也，盡如慈母之為弱子慮也，故見必行之道；見必行之道，則其從事亦不疑，不疑之謂勇。不疑生於慈，故曰慈故能勇。[10]

除了以慈母對子女的悉心盡慮為喻以外，更超脫倫理的範疇，擴展及於萬事，以為能慈則行事必定不會有所疑慮而能勇往直前，對「慈，故能勇」的道理作了極為貼切的闡釋。

---

8 嚴靈峰著《老子達解‧上篇》：「六親和順，何有於孝慈！謂六親不和，孝慈乃見也。」同注 5，頁 88。

9 魏源撰《老子本義》：「上云六親不和，有孝慈，而又言民復孝慈者，蓋人孝慈則無孝慈之名，此名實文質之辨也。以是推之，則真仁義者無仁義之迹，……仁義之至，巧利之極也。」台北：頂淵文化事業有限公司，2005 年 6 月初版 1 刷，頁 21。嚴靈峰著《老子達解‧上篇》：「大道已廢，乃有仁義；言捐棄仁義，則民復歸於孝慈也。」同注 5，頁 91。

10 王先慎撰《韓非子集解‧解老》，台北：世界書局《新編諸子集成》第五冊，1972 年 10 月新 1 版，頁 111。

## （二）儉　儉，故能廣

儉字在《老子》中僅六十七章出現一次，無法相互對照以見其義，但《老子・五十九章》云：「治人事天，莫若嗇。」[11]《韓非子・解老》曰：「少費之謂嗇。」[12]意謂減少花費。故《說文解字》釋之曰：

> 嗇，愛濇也。从來靣。來者靣而藏之。故田夫謂之嗇夫。[13]

段玉裁注曰：

> 嗇者，多入而少出。如田夫之務蓋藏，故以來靣會意。[14]

「多入而少出」已有吝惜少費之意，故高亨《老子正詁》申之曰：

> 嗇从來从靣，來，麥也，即收麥而藏於靣中之象也。是嗇本收藏之義，衍為愛而不用之義。[15]

---

11　嚴靈峰著《老子達解・下篇》，同注 5，頁 313。

12　王先慎撰《韓非子集解・解老》，同注 10，頁 101。

13　許慎著，段玉裁注《說文解字注》，台北：黎明文化事業公司，1978 年 11 月 4 版，頁 233。

14　許慎著，段玉裁注《說文解字注》，同注 13，頁 233。

15　高亨《老子正詁》，上海：上海書店《民國叢書》第五編，1989 年 10 月 1 版 1 刷，頁 123。

　　綜上所引，可見嗇字本指農夫將穀物收藏於㐭（廩）中，後引申為吝惜而捨不得花費，有儉省節約之意，可見「嗇」、「儉」意旨相通，在老子思想中占有重要地位。

　　老子說「儉，故能廣」，原因為何？王弼注曰：

　　　節儉愛費，天下不匱，故能廣也。[16]

　　雖已有說明，但似乎較偏向於從物質層面立論，其實《韓非子・解老》早已從更廣的層面闡述道：

　　　智士儉用其財則家富，聖人愛寶其神則精盛，人君重戰其卒則民眾，民眾則國廣，是以舉之曰：儉，故能廣。[17]

　　從《韓非子》的說解可知，所謂「嗇」，所謂「儉」，並非僅只節省物資而已，還包括不浪費精神與民力，則不管是財物，或個人的精神，或國家的戰力，甚至類推到各種人事物上，都能寬廣充裕而不虞匱乏，《老子・三十三章》言「知足者富」，〈四十六章〉言「知足之足，常足矣」[18]，道理即在於此。

---

16 王弼注《老子道德經・下篇》，台北：世界書局《新編諸子集成》第三冊，1972 年 10 月新 1 版，頁 41。
17 王先慎撰《韓非子集解・解老》，同注 10，頁 111。
18 嚴靈峰著《老子達解・上、下篇》，同注 5，頁 181、頁 251。

### （三）不敢為天下先　不敢為天下先，故能成器長

　　不敢為天下先即是處後、不爭，對此《老子》書中屢屢言之，如〈七章〉言「聖人後其身而身先，外其身而身存」、〈二十二章〉言「夫唯不爭，故天下莫能與之爭」、〈三十四章〉言「以其終不自為大，故能成其大」、〈六十三章〉言「聖人終不為大，故能成其大」、〈六十六章〉言「聖人欲上民，必以言下之；欲先民，必以身後之。……以其不爭，故天下莫能與之爭」、〈六十八章〉言「善用人者，為之下。是謂不爭之德」[19]，類似話語尚多有之，可見老子對於寧處後、不爭先，亦即謙遜之德的重視。

　　為何「不敢為天下先，故能成器長」？王弼注曰：

　　唯後外其身，為物所歸，然後乃能立成器為天下利，為物之長也。[20]

范應元注曰：

　　不敢為先而常謙下，不妄生事而常虛應，人皆尊之，故能為成才器之人之長也。[21]

---

19　嚴靈峰著《老子達解·上下篇》，同注 5，頁 37、頁 109、頁 185、頁 335、頁 351-352、頁 362。

20　王弼注《老子道德經·下篇》，同注 16，頁 41。按對於此句之意，說法甚多，因非本文重點，故不考辨。

21　范應元撰，黃曙輝點校《老子道德經古本集註》，上海：華東師範大學出版社，2010 年 3 月 1 版 1 刷，頁 117。

宋常星注曰：

> 藏我之智，而用人之智，則天下之智，皆我之智；欲
> 己之能，而法人之能，則天下之能，皆己之能；不敢
> 先人如此。所以成一務，而人人所共悅，即為人人不
> 能外；建一名，而人人所共欽，即為人人不能移；不
> 能外，不能移，非能成器長乎！以不敢先為長，非己
> 先人，能為長也。文中言，不敢為天下先，故能成器
> 長，蓋謂此也。[22]

綜合以上所引諸家之言，可見如能謙虛為懷以待人處事，則不僅能贏得他人的敬重擁戴，而且他人也樂於提供其才智能力來協助自己，如是則可以取人之長以為己長，增益自己的實力，使行事達到更良好的效果，《韓非子·解老》云：「不敢為天下先，則事無不事，功無不功。」[23]即是此理。

### （四）「三寶」以慈為首要

《老子·六十七章》於提出「三寶」之說，並說明能掌握「三寶」的效用，以及捨棄「三寶」的嚴重後果之外，又總結道：

---

22 宋常星註解《道德經講義》，台北：東大圖書股份有限公司，2006 年 4 月 2 版 1 刷，頁 303-304。
23 王先慎撰《韓非子集解·解老》，同注 10，頁 112。

　　夫慈，以戰則勝；以守則固。天將救之，以慈衛之。[24]

　　再度強調慈的效用，明顯可知慈在「三寶」中實居首要的地位，這是由於慈乃仁愛悲憫之心，以此心推之於物，則能愛物惜物而不揮霍浪費；以此心推之於人，則能待人謙遜而不盛氣凌人。夫如是，則物不匱乏，眾人歸心，當然可以達到「以戰則勝，以守則固」的結果。是故天將扶持濟助此人，必然賦與慈仁之性，使其能仁民愛物，而不論在戰或在守方面都能得心應手，達到護衛其人的目的。河上公注曰：「天將救助善人，必與慈仁之性，使能自營助也。」[25]即此之謂。

# 三、老子「三寶」對吾人的啟示

　　老子除了提出「三寶」之說以外，更進而申述三者的作用，其中又以慈最為首要。如能深切掌握此「三寶」的意蘊，對吾人當具有深切的啟示意義，茲申述如下：

## （一）慈悲為懷，盡己推己

　　如上所述，「三寶」以慈為首要，蓋能慈則必能儉，能不敢為天下先，故吳澄在「夫慈，以戰則勝；以守則固。天將救之，以慈衛之」之下注曰：

---

24　嚴靈峰著《老子達解・下篇》，同注 5，頁 356-357。
25　河上公注《老子河上公注》，台北：大安出版社，2010 年 2 月第 1 版第 1
　　刷，頁 84。

此下專言「慈」之一寶，而二寶在其中矣。[26]

顧如華也在該句下注曰：

一慈立而三寶畢舉矣。[27]

吳怡更闡述道：

前面談三寶，最後卻獨重一個「慈」字，細體老子的
用意，並非無由。先就字義來說，「慈」可以涵蓋「儉」
和「不敢為天下先」。因為慈於物，當能「儉」；慈於
人，自能「不爭」，而「不敢為天下先」。[28]

三人皆認為單舉「慈」即可以涵蓋「儉」與「不敢為天
下先」，可見慈的重要性。

按《說文解字》云：

慈，惡也。从心茲聲。[29]

又云：

26 吳澄撰，黃曙輝點校《道德真經吳澄註》，上海：華東師範大學出版社，
　 2010 年 8 月 1 版 1 印，頁 97。
27 顧如華、孫承澤《道德經參補注釋》（六），台北：藝文印書館《無求備
　 齋老子集成》續編，頁 115。
28 吳怡著《新譯老子解義》，台北：三民書局股份有限公司，1994 年 2 月
　 初版，頁 491。
29 許慎著，段玉裁注《說文解字注》，同注 13，頁 508。

> 悉，惠也。[30]

段玉裁於「悉，惠也。」下注曰：

> 惠，仁也。仁者親也。[31]

可見慈、悉（愛）、惠、仁、親字義相近，皆有仁慈親愛而能嘉惠於人於物之意。

要加惠於人、物的前提乃在先培養自己的慈愛之心，於盡己之餘進而就力之所能以推己，故范應元曰：

> 吾之心慈愛素具，由愛親愛君，推而愛人愛物，皆自然之理。[32]

宋常星又進而申述道：

> 太上之慈，視天下如一家，視萬民如一身，一人未立，而必推立之之心，以求其立；一人未達，必廣達之之願，以望其達；天下共入于陶成之內，萬物咸遂其生成之澤，是慈之量也。[33]

---

30 許慎著，段玉裁注《說文解字注》，同注 13，頁 510。
31 許慎著，段玉裁注《說文解字注》，同注 13，頁 510。
32 范應元撰，黃曙輝點校《老子道德經古本集註》，同注 21，頁 117。
33 宋常星註解《道德經講義》，同注 22，頁 302。

想要「推立之之心」，「廣達之之願」，使人物皆能各遂其生，各得其所，其先決條件乃在於己立己達，因而必須先建立自己慈愛悲憫的胸懷，再進而立人達人，以期人物共生共榮。

### （二）取物有節，行止有度

老子頗強調知足、知止，〈四十四章〉曰：「知足不辱，知止不殆，可以長久。」〈四十六章〉曰：「禍莫大於不知足，咎莫大於欲得。故知足之足，常足矣。」[34]呼籲大家過簡單樸素的生活，因此在〈十九章〉說：「見素，抱樸，少私，寡欲。」[35]是故將儉列為所看重之寶，乃理所當然之事。

按儉字，《說文解字》曰：

> 儉，約也。从人僉聲。[36]

段玉裁注云：

> 約者，纏束也。儉者，不敢放侈之意。古假險爲儉。《易》「儉德辟難」或作險。[37]

可見儉乃是指能自我約束而不敢放濫，在物質方面如此，

---

34 嚴靈峰著《老子達解・下篇》，同注5，頁243、頁251。

35 嚴靈峰著《老子達解・上篇》，同注5，頁91。

36 許慎著，段玉裁注《說文解字注》，同注13，頁380。

37 許慎著，段玉裁注《說文解字注》，同注13，頁380。

在行為舉止方面也是如此。范應元曰：

> 儉約故能不暴殄天物，而使天下不尚奢侈，家給人足，
> 可謂廣矣。[38]

　　所述較偏重於物質層面，所指之廣為日用之廣。宋常星則擴而及於行為舉止層面，引申至修德之廣，曰：

> 太上之儉，以無為而節。天下之有為，以無欲而化。
> 天下之有欲，作於細而不作於大，故能成其大；本於
> 賤而不本於貴，故能保其貴。天下歸於儉，則奢侈之
> 風不行；性情歸於儉，則六賊之亂不生；故儉者，主
> 收斂節止之義。[39]

　　在行為舉止上收斂節止，有其限度，則能避免不必要的災難。對於現代人而言，不論是避免物質的揮霍，或行為的放縱，皆具有警醒意義，故《周易・否卦・象傳》曰：「君子以儉德辟難。」[40]程頤注曰：「以儉損之德避免禍難。」[41]朱熹注曰：「收斂其德，不形於外，以避小人之難。」[42]都在說明約束克制的重要。

　　綜上所述，可見能儉則在物質上對於一粥一飯能思其來

---

38 范應元撰，黃曙輝點校《老子道德經古本集註》，同注 21，頁 117。
39 宋常星註解《道德經講義》，同注 22，頁 302-303。
40 程頤撰《易程傳》，台北：世界書局，1979 年 10 月 5 版，頁 57。
41 程頤撰《易程傳》，同注 40，頁 57。
42 朱熹撰《易本義》，台北：世界書局，1979 年 10 月 5 版，頁 15。

處之不易，對於半絲半縷則能念其物力之維艱，取物有節，珍惜資源而不暴殄天物。在言行上則能克己復禮，使視、聽、言、動皆合乎規矩。符應《老子・四十八章》所云：「為道日損，損之又損，以至於無為；無為而無不為」[43]，達到用廣、德廣的目標。

### （三）謙卑自牧，以柔克剛

老子經常以水為喻，指出水雖然不與萬物相爭；雖然處於眾人所厭惡的卑下之地；雖然比萬物柔弱，但能有利於萬物，萬物也無法與之相爭，而其柔弱卻能勝過剛強，如〈八章〉云：「上善若水，水善利萬物而不爭，處眾人之所惡，故幾於道。」再如〈六十六章〉云：「江海所以能為百谷王者，以其善下之；故能為百谷王。……以其不爭，故天下莫能與之爭。」又如〈七十八章〉云：「天下莫柔弱於水，而攻堅強者，莫之能勝。其無以易之。」[44]具備如此的質性，因而大加推崇，認為水已幾近於道了。

是故老子極為強調柔弱的功效，如〈三十六章〉曰：「柔弱勝剛強。」〈四十三章〉曰：「天下之至柔，馳騁天下之至堅。」〈七十六章〉曰：「人之生也柔弱，其死也堅強；萬物草木之生也柔脆，其死也枯槁。故堅強者死之徒；柔弱者生之徒。」[45]因而極力主張不自以為是、不自我誇耀、不爭強鬥勝等，如〈二十二章〉云：「不自見，故明；不自是，故彰；

---

43 嚴靈峰著《老子達解・下篇》，同注 5，頁 257。
44 嚴靈峰著《老子達解・上、下篇》，同注 5，頁 39、頁 351-352、頁 400。
45 嚴靈峰著《老子達解・上、下篇》，同注 5，頁 195、頁 238、頁 391。

不自伐，故有功；不自矜，故長。夫唯不爭，故天下莫能與
之爭。」又如〈二十四章〉云：「自見者，不明；自是者，不
彰；自伐者，無功；自矜者，不長。其在道也，曰：餘食贅
行；物或惡之，故有道者不處。」[46]以自我為中心，則有如
腐敗多餘的食物、畫蛇添足的行為般，惹人嫌惡。

如上所述，倘若不能謙卑自牧而爭先妄進，不僅有妨於
人際關係的和諧，且將因而敗壞事情，故宋常星曰：

> 天下之事，有先必有後，有後必有先。先者自然先之，
> 後者自然後之，但不可為之於先。己倘若為之於先，
> 則視己為高，則視人為卑，事事要勝于人，處處要強
> 于己，爭先而妄進，必多至顛躓而不可救。[47]

按《周易》六十四卦，只有〈謙卦〉的六爻皆屬吉利，
非其他各卦所能及，其〈象傳〉曰：「天道虧盈而益謙，地道
變盈而流謙，鬼神害盈而福謙，人道惡盈而好謙，謙尊而光，
卑而不可踰，君子之終也。」[48]另外《周易・繫辭下傳》三
陳九卦時，說「謙，德之柄也」、「謙尊而光」、「謙以制禮」[49]，
是我們修德制禮的憑藉，功效自然顯著，此與老子所言「不
敢為天下先，故能成器長」若合符節，宜為我們深體而力行
之。

---

46 嚴靈峰著《老子達解・上篇》，同注 5，頁 108-109、頁 120。
47 宋常星註解《道德經講義》，同注 22，頁 303。按此引文中之「處處要強
　　于己」疑為「處處要強于人」之誤。
48 朱熹撰《易本義》，同注 42，頁 17。
49 朱熹撰《易本義》，同注 42，頁 67-68。

# 四、結　語

　　《老子・六十七章》首先指出其持而保之的「三寶」是：慈、儉、不敢為天下先。這是因，為體。接著說明「三寶」的成效為：勇、廣、成器長。這是果，為用。最後強調「三寶」以慈為首要。整章用語簡約，卻能將「三寶」的體用關係、主從關係很扼要的表達出來。

　　其實老子所提的「三寶」並非是他的獨見專利。以慈而言，佛家慈悲為懷，想普渡眾生，所講也是慈。至於儒家講仁，仁者愛人，當然是慈；墨家兼愛，仍然是慈；只不過儒家所講的愛是推愛，墨家則為無分別的愛。或許各家主張實踐慈的方式並不一致，但本質則並無分別。

　　以儉而言，墨家講節用也是儉，不過較偏重於物質層面；佛家講清心寡欲仍然是儉，但已兼重精神的層面；《論語》記載「子曰：『奢則不孫，儉則固。與其不孫也，寧固。』」林放問禮之本，孔子說：「禮，與其奢也，寧儉；喪，與其易也，寧戚。」顏淵問仁，孔子回答：「克己復禮為仁。」[50]同樣是儉，也兼顧了物質與精神的層面。

　　以不敢為天下先而言，孔子曰：「能以禮讓為國乎？何有？不能以禮讓為國，如禮何？」又說：「不學禮，無以立。」更明白指出「恭而無禮則勞，慎而無禮則葸，勇而無禮則亂，

---

50 朱熹著《論語集注》〈述而〉、〈八佾〉、〈顏淵〉，台北：大安出版社《四書章句集注》，2005 年 8 月第 1 版第 5 刷，頁 137，頁 82、頁 181。

直而無禮則絞。」[51]仍舊是講求謙恭禮讓。綜上所述，可見老子所謂的「三寶」其實也是許多家派所同樣寶貴者，因此可以說這些才是真正的普世價值。

　　按老子、孔子、墨子，以至釋迦牟尼所處的時代，殘酷暴虐、靡費放濫、爭強鬥勝之事屢屢發生，造成社會的混亂，妨害了人際的和諧。為解救時弊，老子乃提出「三寶」之說，其他幾位聖哲也不約而同的提出與老子「三寶」之說類似的主張，以期戢止紛爭，化戾氣為祥和。今人感嘆的是：時至今日，上述紛擾不僅並未止息，甚至有時還愈演愈烈。由是可見，老子所提倡的「三寶」其實也是我們應該寶貴珍視，進而努力實踐之者。

　　　　　　　　──原發表於 2018 年 8 月青島即墨「和合與人
　　　　　　　　　類命運共同體」學術研討會

---

51 朱熹著《論語集注》〈里仁〉、〈季氏〉、〈泰伯〉，同注 50，頁 96、頁 243、頁 138。

# 貳、《莊子》寓言「朝三暮四」所寄託「兩行」觀的意蘊

　　《莊子・齊物論》:「勞神明為一而不知其同也,謂之朝三。何謂朝三?曰:『狙公賦芧,曰:「朝三而莫四。」眾狙皆怒。曰:「然則朝四而莫三。」眾狙皆悅。』名實未虧而喜怒為用,亦因是也。是以聖人和之以是非而休乎天鈞,是之謂兩行。」[1]

## 一、緒　言

　　也許是莊子這個謎樣人物生平可考的事跡甚少;也許是《莊子》所言「畏累虛、亢桑子之屬,皆空語無事實。」[2]難以作為憑據;所以司馬遷撰寫《史記》時並未為莊子單獨立傳,而將其附於〈老莊申韓列傳〉中,而且文字只有兩百餘

---

1 郭慶藩撰,王孝魚點校《莊子集釋・齊物論》,北京:中華書局,2012年2月3版,頁75-76。
2 司馬遷撰,裴駰集解,司馬貞索隱,張守節正義《史記・老莊申韓列傳》,台北:藝文印書館據清乾隆武英殿刊本影印,1958年,頁859。按本段所有引號內之文字皆出《史記・老莊申韓列傳》。又畏累虛、亢桑子皆莊子虛構的人物。

字。不過篇幅雖小，但已很難得的交代了莊子的姓名：「名周」。
籍貫：「蒙人也」（宋國蒙邑，在今河南省商丘市境內）。經歷：
「嘗為蒙漆園吏」。時代：「與梁惠王、齊宣王同時。」學術
淵源：「其學無所不闚，然其本歸於老子之言。」尤其可貴的
是指出了莊子的寫作特色與風格：「著書十餘萬言，大抵率寓
言也。作〈漁父〉、〈盜跖〉、〈胠篋〉，以詆訿孔子之徒，以明
老子之術。」「善屬書離辭，指事類情，用剽剝儒、墨，雖當
世宿學不能自解免也。其言洸洋自恣以適己，故自王公大人
不能器之。」

　　司馬遷稱莊子的寫作特色之一為擅長運用寓言，按《莊
子‧寓言》一開始就指出寓言占了其書的絕大部分，說「寓
言十九」。而且還進一步的以父親不為兒子說媒的譬喻，闡述
寓言的作用道：

> 寓言十九，藉外論之。親父不為其子媒。親父譽之，
> 不若非其父者也；非吾罪也，人之罪也。與己同則應，
> 不與己同則反；同於己為是之，異於己為非之。[3]

　　明白指陳寓言的作用是藉外在的事物來論述想要寄託的
意旨，如同父親稱讚兒子，並不如別人稱讚的可信，過錯不
在於自己而是在於別人，因為一般人總是有先入為主的觀念，
認為父親必然會袒護兒子，總不如別人稱讚的可信，所以用
寓言寄託意旨會比直接陳述見解容易取信於人。

---

3 郭慶藩撰，王孝魚點校《莊子集釋‧寓言》，同 1，頁 940。

　　莊子在〈天下〉又說自己「以天下為沉濁，不可與莊語」，所以「以寓言為廣」。[4]認為天下的局勢既然十分汙濁混亂，用莊重正直的言語來勸喻世人是行不通的，還不如以虛構的人、物、情節，用簡短的篇幅，採間接的方式，來寄託情意，而達到諷喻的效果，更能將自己的理念廣泛傳達出去。同樣的也是在闡述寓言的作用。

　　莊子既然深切了解寓言的作用，並且大量運用寓言來傳達其情意，但其表述方式不外兩種：一種是只敘說寓言故事，但不明白指陳寓意，要讀者自己去體會言外之意，如《莊子‧應帝王》所載：

> 南海之帝為儵，北海之帝為忽，中央之帝為渾沌。儵與忽時相與遇於渾沌之地，渾沌待之甚善。儵與忽謀報渾沌之德，曰：「人皆有七竅，以視聽食息，此獨無有，嘗試鑿之。」日鑿一竅，七日而渾沌死。[5]

　　故事講完便戛然而止，寄意為何並不明言，要讀者自己去體會。

　　另一種則在敘說寓言故事後，直接指陳寓意，如《莊子‧齊物論》所載：

> 昔者莊周夢為胡蝶，栩栩然胡蝶也，自喻適志與！不知周也。俄然覺，則蘧蘧然周也。不知周之夢為胡蝶

---

4　郭慶藩撰，王孝魚點校《莊子集釋‧天下》，同1，頁1091。
5　郭慶藩撰，王孝魚點校《莊子集釋‧應帝王》，同1，頁315。

與，胡蝶之夢為周與？周與胡蝶，則必有分矣。此之
謂物化。[6]

於講述完莊周夢蝶的故事後，明白指陳「物化」（簡言之，
即物雖有分別，卻可以互相轉化而成為一體）的寓意。

寓言「朝三暮四」即是屬於第二種類型，先敘述養猴子
的狙公，餵猴子芋果時對猴子說：「早上給你們三個，傍晚給
你們四個。」不料猴子們都很生氣。狙公立即改口說：「那麼
早上給你們四個，傍晚給你們三個。」猴子們都高興起來。
故事講完後，莊子明言此寓言的寄意為：芋果的總數還是七
個，名實雖未改變，但猴子卻轉怒為喜，這是狙公能順應猴
子的情緒而調整的緣故啊！所以聖人能「和之以是非而休乎
天鈞，是之謂兩行。」

《莊子·齊物論》所述的寓言「朝三暮四」，到了《列子·
黃帝篇》，情節已有所演變，而「朝三暮四」也成為後人習用
的成語。然則演變後的故事與莊子的本意是否相符？而此成
語的意義是否合乎莊子此詞語的原旨？更重要的是莊子在此
寓言中所寄託的「和之以是非而休乎天鈞」的「兩行」觀，
其意涵究竟如何？又此「兩行」觀的得失又是如何？凡此皆
為本文所欲探討者。

---

6 郭慶藩撰，王孝魚點校《莊子集釋·齊物論》，同 1，頁 118。

# 二、「朝三暮四」故事及語義的演變

「朝三暮四」的故事，除《莊子・齊物論》以外，《列子・黃帝篇》也有所記載，兩者內容是否相同？又「朝三暮四」後來也成為一句成語，其語義為何？茲分述如下：

## （一）故事的演變

在《莊子》中，故事的情節簡單，用字很少，故事及寓意合計不到六十個字，但到了《列子》，情節及篇幅皆已有調整。《列子・黃帝篇》所載全文為：

> 宋有狙公者，愛狙，養之成群，能解狙之意；狙亦得公之心。損其家口，充狙之意。俄而匱焉，將限其食。恐眾狙之不馴於己也，先誑之曰：「與若芧，朝三而暮四，足乎？」眾狙皆起而怒。俄而曰：「與若芧，朝四而暮三，足乎？」眾狙皆伏而喜。物之以能鄙相籠，皆猶此也。聖人以智籠群愚，亦猶狙公之以智籠群狙也。名實不虧，使其喜怒哉！[7]

不僅字數成倍增加，情節也較為詳細，乍看之下，與《莊子》所載似無大不同，然仔細分辨，則可發現在《莊子》中，狙公答應眾狙由朝三暮四改為朝四暮三，似隨口而說，乃出

---

7 楊伯峻撰《列子集釋•黃帝篇》，北京：中華書局，1979 年 10 月 1 版，頁86。

於無心。但到了《列子》中，則明言狙公「恐眾狙之不馴於己也」，「先誑之曰」、「俄而曰」云云，可見狙公先欺騙而後才安撫，顯然出於機心，與莊子思想大相違背。尤其是在講完故事後下斷語曰「聖人以智籠群愚，亦猶狙公之以智籠群狙也。」表達的是想要以智巧來控馭眾人，而且視眾人為愚昧，這與莊子在此寓言中想要寄託的「兩行」觀，更是大相逕庭。可見《列子》的作者雖想要承襲莊子，但對於莊子的思想可謂懵然不知，反而以世俗的觀點敘論此寓言故事。[8]

## （二）語義的演變

朝三暮四表面的意思是早上給三個，晚上給四個，但後來卻演變為成語，其寄意如依莊子的本旨，應該是名義與實質雖未改變，但人卻囿於表象而有不同情緒的表現。不料竟更改為以換湯不換藥的手段來欺騙愚弄他人之意，顯然是從《列子·黃帝篇》的記載轉化而來。至今又改為反覆無常，變來變去之意，應該是只取由朝三暮四改為朝四暮三的語意。或扭曲莊子的本意，或過度的引申，與本來很簡單明瞭的意思，以至莊子的意旨，皆已相去甚遠了。

---

8 《莊子》多次提到列子，一般以為其學說近於莊子，故莊、列並稱，但今傳《列子》已被學界公認乃偽書，其內容雜有魏、晉人思想，與莊子思想已有很大距離。

# 三、「兩行」觀的意涵

　　《莊子‧齊物論》於講述「朝三暮四」故事後，以此表達了他的見解說：「是以聖人和之以是非而休乎天鈞，是之謂兩行。」可見想要了解「兩行」之意涵，必須先探究「聖人和之以是非」和「休乎天鈞」的句意為何？茲就所知，述之於下：

## （一）何謂「和之以是非」？

　　從文字表面看來，意為用檢視是非的概念來調和彼此的立場，問題是什麼是「是」？什麼是「非」？這就牽涉到認知是否正確的問題。按莊子認為如站在個別事物的立場，莫不以己（此）為是而以他（彼）為非，但有是才有非，有非才有是，是非乃是相對的而非絕對的，即〈齊物論〉所謂「彼出於是，是亦固彼。」[9]那麼究竟什麼才是真正的是非？依莊子之意，現實世界並無真正的是非，這是由於：

1.人的認知有其侷限。莊子在〈養生主〉中說：「吾生也有涯，而知也無涯。以有涯隨無涯，殆已。已而為知者，殆而已矣。」[10]生命有限，但認知的範圍無窮，以有限的生命追求無窮的認知對象，必定陷入困境，如此所追求到的知識當然也是令人困惑不通的。另外〈秋水〉也說：「計人之所知，不若其所不知，其生之時，

---

9 郭慶藩撰，王孝魚點校《莊子集釋‧齊物論》，同 1，頁 71。
10郭慶藩撰，王孝魚點校《莊子集釋‧養生主》，同 1，頁 121。

不若未生之時；以其至小求窮其至大之域，是故迷亂而不能自得也。」[11]所述也是同樣的道理。

2. 人的認知並非絕對客觀。莊子在〈齊物論〉中舉了很多的例子，如「物固有所然，物固有所可。無物不然，無物不可。故為是舉莛與楹，厲與西施，恢恑憰怪，道通為一。」[12]莛（草莖）與楹（梁柱），厲（長惡瘡，喻醜人）與西施，以至各種各樣荒誕反常的事物，詭譎怪異的現象，從道的立場看來，都是相通為一的。又如「民溼寢則腰疾偏死，鰌然乎哉？木處則惴慄恂懼，猨猴然乎哉？三者孰知正處？民食芻豢，麋鹿食薦，蝍且甘帶，鴟鴉耆鼠，四者孰知正味？猨，猵狙以為雌，麋與鹿交，鰌與魚游。毛嬙、麗姬，人之所美也，魚見之深入，鳥見之高飛，麋鹿見之決驟。四者孰知天下之正色哉？自我觀之，仁義之端，是非之塗，樊然殽亂，吾惡能知其辯？」[13]分別從居住、飲食、交往、審美的角度，指出物類各有所好，準此，則仁義、是非的判別也是並無定準，難以分別的。

既然認知有其侷限，認知並非絕對客觀，則所認知者未必正確，因此我們不妨拋開是非對立的觀念，不以我之是為是，也不以人之非為非，也就是能站在對方的立場審視是非。如此便能調和彼此，化除對立，而建立和諧的關係，此即所謂「和之以是非」也。

---

11　郭慶藩撰，王孝魚點校《莊子集釋・秋水》，同 1，頁 568。
12　郭慶藩撰，王孝魚點校《莊子集釋・齊物論》，同 1，頁 75。
13　郭慶藩撰，王孝魚點校《莊子集釋・齊物論》，同 1，頁 98-99。

## （二）何謂「休乎天鈞」？

按「天鈞」一詞，除〈齊物論〉之外，又出現於〈庚桑楚〉，但莊子在兩處皆未明言其義。另外，〈齊物論〉中又出現了「天倪」之詞；在〈寓言〉中除三度出現「天倪」外，又出現「天均」一詞，而且還說「天均者，天倪也。」[14]莊子對「天倪」、「天均」也同樣未明言其義。不過依上述三個詞語出現的上下文，以及多位《莊子》注家對此三個詞語的解釋，其意旨應該是相通的。

就「天鈞」而言，〈齊物論〉「而休乎天鈞」下，成玄英疏云：「天均者，自然均平之理也。夫達道聖人，虛懷不執，故能和是於無是，同非於無非，所以息智乎均平之鄉，休心乎自然之境也。」[15]林希逸注曰：「天均者，均平而無彼此也。」[16]皆直接以「均」代「鈞」，故「天鈞」即「天均」。

就「天倪」而言，〈齊物論〉「何謂和之以天倪？曰：是不是，然不然」下，郭象注云：「天倪者，自然之分也。」[17]成玄英疏云：「天，自然也。倪，分也。……和以自然之分，令歸無是無非。」[18]馬敍倫義證曰：「倪，當從班固作『研』，……『天研』猶言自然之礱，礱道回旋，終而復始，以喻是非之

---

14　郭慶藩撰，王孝魚點校《莊子集釋・寓言》，同 1，頁 942。

15　郭慶藩撰，王孝魚點校《莊子集釋・齊物論》，同 1，頁 79-80。按成玄英疏直接以「天均」代「天鈞」，所據為陸德明《經典釋文》：「『天鈞』本又作均。崔云：鈞，陶鈞也。」陶鈞，製造陶器的轉輪。周匝循環，終而復始，無始終的分別。

16　林希逸著，周啟成校注《莊子鬳齋口義校注・齊物論》，北京：中華書局，1997 年 3 月 1 版，頁 27。

17　郭慶藩撰，王孝魚點校《莊子集釋・齊物論》，同 1，頁 114。

18　郭慶藩撰，王孝魚點校《莊子集釋・齊物論》，同 1，頁 114。

初無是非也。」[19]

就「天均」而言，〈寓言〉已明言「天均者，天倪也」，前引〈齊物論〉「而休乎天鈞」下之成玄英疏、林希逸注，即皆直接將「天鈞」稱為「天均」。

綜合以上所述，天鈞、天倪、天均三詞意義相通，皆指順乎自然而無彼此、是非之分，此與「和之以是非」之調和彼此、泯除是非，以化解對立，建立和諧關係，意旨正相一貫。

通過以上對「和之以是非」、「休乎天鈞」之義的闡釋，所謂「兩行」的意涵已呼之欲出。然則為何會有是非而必須「和之以是非」，以達「休乎天鈞」的境地？莊子雖未明言，但已在字裡行間隱約告訴了我們真象。按〈齊物論〉曾兩度提到「莫若以明」，一則曰：

> 道隱於小成，言隱於榮華。故有儒、墨之是非，以是其所非而非其所是。欲是其所非而非其所是，則莫若以明。[20]

再則曰：

---

19 馬敘倫《莊子義證‧齊物論》，台北：弘道文化事業有限公司，1970 年 10 月初版，頁 98。礦，同磨，磨輾的工具，也是循環不窮，如注 15 所云如陶鈞般，無始終的分別。

20 郭慶藩撰，王孝魚點校《莊子集釋‧齊物論》，同 1，頁 68。《莊子內篇校釋》：「上非字，下是字，涉下文而例，今乙正。是其所是，非其所非者，儒、墨自是其所是，自非其所非，而非其所是，即所謂儒、墨之是非也。」亦即上一「是其所非而非其所是」宜改作「是其所是而非其所非」。

> 方生方死，方死方生；方可方不可，方不可方可；因
> 是因非，因非因是。是以聖人不由，而照之於天，亦
> 因是也。是亦彼也，彼亦是也。彼亦一是非，此亦一
> 是非。果且有彼是乎哉？果且無彼是乎哉？彼是莫得
> 其偶，謂之道樞。樞始得其環中，以應無窮。是亦一
> 無窮，非亦一無窮也。故曰莫若以明。[21]

　　對於「明」，歷來《莊子》注家說解甚多，筆者以為王先
謙言「莫若以明者，言莫若即以本然之明照之。」「惟本明之
照，可以應無窮。此言有彼此而是非生，非以明不能見道。」
[22]以「本然之明」、「本明」釋之，意指吾人本有之靈明心性，
其說應屬確當。蓋如能保持「本然之明」，則能不被表象所惑，
而能「見道」，達到「道通為一」[23]的境界。此所謂道，依「天
鈞」、「天倪」、「天均」語意，及上引莊子「照之於天」之文
判斷，所指即為天道，蓋就天道而言，〈秋水〉云：「以道觀
之，何貴何賤，是謂反衍；無拘而志，是謂反衍，無拘而志，
與道大蹇。何少何多，是謂謝施；無一而行，與道參差。嚴
乎若國之有君，其無私德；繇繇乎若祭之有社，其無私福；
汎汎乎若四方之無窮，其無所畛域。兼懷萬物，其孰承翼？
是謂無方。萬物一齊，孰短孰長？道無終始，物有死生，不

---

21 郭慶藩撰，王孝魚點校《莊子集釋‧齊物論》，同 1，頁 71。
22 王先謙撰，《莊子集解‧齊物論》，北京：中華書局，2012 年 12 月 2 版，
　　頁 24、26。
23 郭慶藩撰，王孝魚點校《莊子集釋‧齊物論》：「無物不然，無物不可。
　　故為是舉莛與楹，厲與西施，恢詭譎怪，道通為一。」同 1，頁 75。

恃其功；一虛一滿，不位乎其形。年不可舉，時不可止；消息盈虛，終則有始。是所以語大義之方，論萬物之理也。」[24]亦即站在道的立場，天下所有的事物並無是非之別、貴賤之分，故兩行者，兩者皆可行之意。所謂兩者，指相對性的雙方，如人我、死生、彼此……等，既然皆可行，則可以通人我、破死生、泯彼此……，而解消一切的分別，達到「道通為一」的境界。林希逸注云：「兩行者，隨其是非，而使之並行也。」[25]王夫之解曰：「兩行，兩端皆可行也，適得而已。」[26]所謂「而使之並行」、「兩端皆可行也」，已將「兩行」之意很清楚的表達出來。憨山《莊子內篇注》云：「兩行者，謂是者可行，而非者亦可行，但以道均調，則是非無不可者。」[27]是非皆可行，也就是相對立的雙方（兩）皆在容許之列（行），並無任何的分別。如此則如成玄英疏所謂「不離是非而得無是非，故謂之兩行。」[28]「不離是非」的「是非」乃現實世界的「是非」，「得無是非」則是在「以明」之後，站在「道通為一」的立場，已泯除一切的「是非」而無「是非」之分別了。

24 郭慶藩撰，王孝魚點校《莊子集釋・秋水》，同 1，頁 584。
25 林希逸著，《莊子鬳齋口義校注・齊物論》，同 16，頁 27。
26 王夫之著《莊子解・齊物論》，台北：自由出版社《船山遺書全集》第 18 冊，1972 年 11 月重編出版，頁 10039。
27 憨山釋《莊子內篇注・齊物論》，台北：廣文書局，1973 年 6 月初版，頁 40。
28 郭慶藩撰，王孝魚點校《莊子集釋・齊物論》，同 1，頁 80。

# 四、「兩行」觀的得失（代結語）

綜上所述，所謂「兩行」觀，指的是能以靈明的心性（以明），站在天道的立場，對一切相對性的雙方皆採取認可的態度（道通為一）。苟能如此，則可以有兩得：一為從消極面而言，能打破執著的態度，不以己（此）之是為是，也不以他（彼）之非為非，消除彼此的對立而免於衝突。二為從積極面而言，既然是非乃是相對的而非絕對的，則不必要是其所是而非其所非，而能以同理心，站在對方的立場設想，等同於具備有推己及人的恕道，可增進彼此的良善互動。此兩得的結果必然對建立和諧的關係大有助益，此即「和之以是非」也。

以上兩得是就站在最高的天道立場而言，但是在現實世界中，卻到處充斥著相對性的事物，在作價值判斷時，即不免會有是非對錯之別，如果勉強的踐行「兩行」觀，做到這也行，那也行，什麼都可行，泯除一切的是非對錯而達到「休乎天鈞」的境界，就不免會落入和稀泥式，而為孔子、孟子所嘲諷的鄉愿地步：「子曰：『鄉愿，德之賊也。』」[29]「（孟子）曰：『何以是嘐嘐也？言不顧行，行不顧言，則曰：古之人，古之人。……非之無舉也，刺之無刺也；同乎流俗，合乎汙世；居之似忠信，行之似廉潔；眾皆悅之，自以為是，

---

29 朱熹著《論語集注·陽貨》，台北：大安出版社《四書章句集注》，2005年8月1版5刷，頁251。

而不可與入堯、舜之道,故曰德之賊也。」」[30]

　　莊子思想誠然高卓,但多少有不食人間煙火的意味,亦即雖有理想性,但其奈實際何!反而會在理想與現實之間造成兩難,作為清涼劑則可,卻不能視為恆常之道。《莊子·天下篇》曾批評墨家道:「墨子雖能獨任,奈天下何?」[31]以之用來衡量莊子的「兩行」觀,似乎也未嘗不可。按荀子曾批評莊子之說曰:「蔽於天而不知人」[32],即是指他的思想雖然超脫,然卻偏離人世。朱熹亦曾評論莊子道:「莊子說得較開闊,較高遠,然卻較虛。」[33]於稱許其格局的開闊、境界的高遠之餘,也指出其較虛而偏離實際的一面,可謂切中肯綮。莊子整體思想的得失如此,他所提出的「兩行」觀,當然也不例外。是以我們在體會其「兩行」觀的意蘊之後,亦當知所取捨,以有裨於培養胸襟而不致於蹈空務虛。

——原發表於 2019 年 11 月廈門「第 11 屆海峽兩岸國學論壇」,後被收錄於《吉林師範大學學報(人文社會科學版)》第 2 期,2020 年 3 月

---

30　朱熹著《孟子集注·盡心下》台北:大安出版社《四書章句集注》,2005 年 8 月 1 版 5 刷,頁 526。

31　郭慶藩撰,王孝魚點校《莊子集釋·天下》,同 1,頁 1069。

32　楊倞注,王先謙集解《荀子集解·解蔽篇》,台北:世界書局《新編諸子集成》第二冊,1972 年 10 月新 1 版,頁 262。

33　黎靖德編《朱子語類》第八冊,臺北:文津出版社,1986 年 12 月,頁 2995。

# 參、《墨子・非命上》「三表」的意涵、得失與對墨子思想的檢證

《墨子・非命上》:「言而無儀,譬猶運鈞之上而立朝夕者也。是非利害之辨,不可得而明知也,故言必有三表。何謂三表?子墨子言曰:『有本之者,有原之者,有用之者。於何本之?上本之於古者聖王之事。於何原之?下原察百姓耳目之實。於何用之?廢以為刑政,觀其中國家百姓人民之利。此所謂言有三表也。』」[1]

## 一、前　言

　　春秋戰國時期,有志之士為挽救衰亂的社會、凋敝的民生,往往本其所知所見,紛紛發表救時濟世的主張,諸子百家蠭起並作,形成爭鳴並秀的局面,遂成為我國學術史上難

---

1 孫詒讓撰《墨子閒詁・非命上》,台北:世界書局《新編諸子集成》第六冊,1972年10月新1版,頁163-164。鈞,製作陶器所用的轉輪。朝夕,測量日影以知早晚的工具,猶後來之日晷。「廢以為刑政」之「廢」當作「發」。按引文中的某些應當校改之字,皆直接以「某當作某」處理之,因非本文重點,故不論述考證情形,請鑒諒。

得一見的黃金時代。

　　先秦諸子百家的思想，憑藉創始者與其追隨者的倡導、宏揚，逐漸為世所重視，傳衍到後代，也或多或少的對時局產生影響，然而其中卻有一家，其興起與衰落的情形卻頗出人意表。

　　據戰國中期的孟子說：「楊朱、墨翟之言盈天下。天下之言，不歸楊，則歸墨。」[2]又說：「逃墨必歸於楊，逃楊必歸於儒。」[3]由是可見楊朱、墨翟的思想與儒家並峙於當時。到了戰國中晚期，《莊子・天下》與《荀子・非十二子篇》，在評述諸子時，皆論及墨翟，但已不再提到楊朱。及至戰國晚期，《韓非子・顯學》則說：「世之顯學，儒、墨也。」[4]顯然已由楊、墨、儒三足鼎立之勢轉而為儒、墨平分秋色之局。

　　然而到了西漢初年，墨家即已趨於式微，以至到了司馬遷撰作《史記》，不僅沒有為墨子立傳，而只附述於〈孟子荀卿列傳〉最後，而且只有「蓋墨翟，宋之大夫，善守禦，為節用，或曰並孔子時，或曰在其後。」[5]寥寥二十四個字而已。

　　由顯赫一時轉而寥落到如此地步，原因何在？固然與墨家思想有莫大的關聯，但如細加探究，將可發現與墨子表述其思想的方式也有不可忽略的因素在。墨子用以表述其思想的最主要方式為「三表」，其內容究竟為何？墨子如何用來論

2 朱熹著《孟子集注・滕文公下》，台北：大安出版社《四書章句集注》，2005年8月第1版第5刷，頁379。

3 朱熹著《孟子集注・盡心下》，同2，頁521。

4 王先慎撰《韓非子集解・顯學》，台北：世界書局《新編諸子集成》第五冊，1972年10月新1版，頁351。

5 司馬遷撰，裴駰集解，司馬貞索隱，張守節正義《史記・孟子荀卿列傳》，台北：藝文印書館據清乾隆武英殿刊本影印，1958年，頁941-942。

證其思想？其得失又如何？凡此皆為本文的論述重點。

# 二、認識墨子的「三表」

## （一）「三表」的名稱、項目與內容

「三表」為墨子於《墨子‧非命上》所提出，用以檢證言論之是非然否的準則，其言曰：

> 何謂三表？子墨子言曰：『有本之者，有原之者，有
> 用之者。於何本之？上本之於古者聖王之事。於何原
> 之？下原察百姓耳目之實。於何用之？廢以為刑政，
> 觀其中國家百姓人民之利。此所謂言有三表也。』」[6]

此外，墨子又在〈非命中〉及〈非命下〉提出類似言論，但名稱、項目與內容並非完全相同，然整體而言，屬大同而小異。為方便參照，茲將〈非命〉上、中、下三篇所言[7]列表如下：

---

6 孫詒讓撰《墨子閒詁‧非命上》，同1，頁164。
7 參見孫詒讓撰《墨子閒詁‧非命》上、中、下三篇，同1，頁164、169、172。

| 出　處 | 名稱 | 項　目 | 內　容 |
|---|---|---|---|
| 〈非命上〉 | 三表 | 本之者 | 於何本之？上本之於古者聖王之事。 |
| | | 原之者 | 於何原之？下原察百姓耳目之實。 |
| | | 用之者 | 於何用之？廢以為刑政，觀其中國家百姓人民之利。 |
| 〈非命中〉 | 三法 | 本之者 | 於其本之也，考之天鬼之志、聖王之事。 |
| | | 原之者 | 於其原之也，徵以先王之書。 |
| | | 用之者 | 用之奈何？發而為刑。 |
| 〈非命下〉 | 三法 | 考之者 | 惡乎考？考先聖大王之事。 |
| | | 原之者 | 惡乎原之？察眾之耳目之請。 |
| | | 用之者 | 惡乎用之？發而為政乎國，察萬民而觀之。 |

## （二）建立「三表」的用意——言必立儀

　　墨子認為要抒發自己的看法，或檢驗他人所述道理是否確實而可信，必須有依循的標準，他說：

> 凡出言談，則必可而不先立儀而言。若不先立儀而言，譬之猶運鈞之上而立朝夕焉也。我以為雖有朝夕之辯，必將終未可得而從定也。[8]

在《墨子・非命》上、中、下三篇之中，皆有類似的言論，[9]

---

8 孫詒讓撰《墨子閒詁・非命下》，同 1，頁 172。「則必可而」之「必可」當作「不可」。

9 孫詒讓撰《墨子閒詁・非命上》，「故執有命者不仁，故當執有命者

不僅如此，墨子還在其書中特立〈法儀〉篇，認為天下從事
任何工作的人，上自治理天下、國家的王、侯，下至從事百
工的匠師，都不能沒有依循的標準，否則必然無法成事。其
言曰：

> 天下從事者，不可以無法儀，無法儀而其事能成者無
> 有也。雖至士之為將相者，皆有法；雖至百工從事者，
> 亦皆有法。百工為方以矩，為圓以規，直以繩，正以
> 縣，無巧工不巧工，皆以此五者為法。巧者能中之，
> 不巧者雖不能中，放依以從事，猶逾己。故百工從事，
> 皆有法所度。今大者治天下，其次治大國，而無法所
> 度，此不若百工辯也。[10]

　　凡此皆可見墨子對於共同遵循標準的重視，他所提出的
「三表」，即是他想建立的論說標準。他以為如能依照此標準
出言發論，才能讓自己的言談立於顛撲不破之地，也才能獲
得眾人的認同而信服。

---

之言，不可不明辨。然則明辨此之說將奈何哉？子墨子言曰：『必
立儀，言而毋儀，譬猶運鈞之上而立朝夕者也，是非利害之辨，不可得
而明知也。』〈非命中〉：「凡出言談由文學之為道也，則不可而不
先立義法。若言而無義，譬猶立朝夕於員鈞之上也，則雖有巧工，必不
能得正焉。」同 1，頁 163-164、169。
10 孫詒讓撰《墨子閒詁‧法儀》，同 1，頁 11。「正以縣」下當有「平以水」
　　三字。

# 三、「三表」得失評述

前已述及，墨子於《墨子・非命》上、中、下三篇中皆述及「三表」（或「三法」），其名稱、項目、內容大同而小異，為方便論述，以下即依〈非命上〉所述，紹述其意涵，並就所見評析如下。

「三表」中的第一表為「有本之者，……於何本之？上本之於古者聖王之事」，亦即考察以往聖王的行事，並以之作為效法的依據，此為汲取歷史的正面經驗，以之作為典範。第二表為「有原之者，……於何原之？下原察百姓耳目之實」，亦即考察百姓眼所看到、耳所聽到的形象、聲音，此為了解目前百姓的見聞，並以之作為判斷的依據。第三表為「有用之者，……於何用之？廢以為刑政，觀其中國家百姓之利」，亦即評估實際施政後對國家人民是否有利，此為預期未來的成效，並以之作為興革的依據。從表面上看來，「三表」兼顧到過去、現在與未來，似乎極為周到，然而詳加探討，則其中頗有尚待斟酌的疑點存在。

首先就第一表而言，所謂「聖王」，其認定的標準為何？誠如《韓非子・顯學》所言「孔子、墨子，俱道堯、舜，而取舍不同，皆自謂真堯、舜，堯、舜不復生，將誰使定儒、墨之誠乎！」[11]縱觀《墨子》全書各篇，則其所謂聖王，指的是能合乎他所主張兼愛、非攻、尚賢、尚用、節用、節葬、

---

11 王先慎撰《韓非子集解・顯學》，同 4，頁 351。

非樂、非命、天志、明鬼十端的古代帝王。其所謂聖王不僅與儒家看法並不相同，與道家、法家相去更遠。再者既然要本之於古者聖王之事，所本（依據）者為何？可能是書籍的記載，也可能是歷代口耳相承的傳說，其內容是否皆屬可信？則如何判斷何者為真？何者為假？顯然是一大問題。

其次就第二表而言，所謂「百姓耳目之實」，指的應該是耳目口鼻等感官的體驗，但感官體驗只適用於有形象的具體事物，對無形抽象的想法、觀念等難以感知，故其所能體驗者將會受到很大的限制。再者感官的體驗很容易陷於表面而欠深刻，也容易造成錯誤而不正確。舉例而言，如墨子極力否定的「命」，以及十分肯定的「鬼」，都是他先有了定論，然後藉感官體驗的有無，而且不探究是否為真實，以之反證其預設的結論。這種循環論證的作法確實難以令人信服。

最後就第三表而言，所謂「於何用之？廢以為刑政，觀其中國家百姓之利」，指出一個「利」字，確實掌握到了墨子思想的要素。蓋墨子思想雖以「兼相愛」為核心，但其書中，「兼相愛」往往與「交相利」連言，[12]可見其對於利的充分重視。然則所謂利，有近利，也有遠利；有一時有利，但長遠而言則未必有利者。墨子所講求的利，似乎偏向於眼前或

---

12 以作為墨子思想核心的《墨子‧兼愛》上、中、下三篇為例，〈兼愛上〉重在陳述「亂之所自起」，乃在於「起不相愛」。到了〈兼愛中〉，即開始強調為了治亂除害，因而屢屢提出「兼相愛」、「交相利」之法，如「以兼相愛、交相利之法易之……」、「然則兼相愛、交相利之法將奈何哉……」、「況於兼相愛、交相利，則與此異……」、「況兼相愛、交相利與此異矣……」、「況乎兼相愛、交相利，則與此異……」、「當兼相愛、交相利，此聖王之法，天下之治道也，不可不務為也。」到〈兼愛下〉，次數雖然較少，但仍多有之。

一時的利益，而未必能從陶冶人心，長治久安的觀點著眼，其所以非樂，即是此種偏蔽所造成。

　　以上所述係就「三表」各自的內涵，指陳其偏失之處。其實如進而就「三表」總體來看，也可發現其本身的矛盾，明顯者如〈非命上〉「本之者」下云：「於何本之？上本之於古者聖王之事。」但〈非命中〉「本之者」下則說：「於其本之也，考之天鬼之志、聖王之事。」即在〈非命上〉的「聖王之事」外又加上「天鬼之志」，「天鬼之志」與「聖王之事」究為一事或兩事？如為一事，根本不必增加，如為二事，彼此的關係為何？則並未說明，難免啟人疑竇。

　　再則〈非命中〉的「原之者」下云：「於其原之也，徵以先王之書。」既與〈非命上〉的「於何原之？下察百姓耳目之實」，以及〈非命下〉的「惡乎原之？察眾之耳目之請」，明顯不同。還有既然說是「於其原之也，徵以先王之書」，先王之書所記載者，豈非〈非命上〉所本的「古者聖王之事」，以及〈非命下〉所考的「先聖大王之事」？可見〈非命中〉所述與〈非命上〉、〈非命下〉之說相互衝突。

　　總體而言，〈非命中〉的內容，與〈非命上〉、〈非命下〉顯然有或欠一致，或相牴牾之處。亦即墨子的立場並不堅定，想要以此達到言必立儀，建立可供依循的標準，必然是徒託空言。

# 四、「三表」對墨子思想的檢證
## ——以「非命」、「兼愛」為例

「三表」為墨子所提出，使出言發論立於顛撲不破之地，而讓眾人認同信服的標準。據此，則墨子表述其思想時，理當依循此標準，然則事實是否如此？茲以墨子多次提出「三表」（或「三法」）的〈非命〉三篇，以及墨子思想核心的〈兼愛〉三篇為例，檢證如下。

### （一）以〈非命〉為例

墨子強力主張盡人事而反對聽天命，以為天下國家之安危治亂、百姓之貧富禍福，皆完全操之在人而非聽之於命，故以〈非命〉三篇，利用「三表」以論定「執有命者」的荒謬不可信。對第一表「本之者」而言，他說：

> 蓋嘗尚觀於聖王之事，古者桀之所亂，湯受而治之；紂之所亂，武王受而治之。此世未易民未渝，在於桀、紂，則天下亂；在於湯、武，則天下治，豈可謂有命哉？[13]

所引雖為「古者聖王之事」，但只指出桀、紂「之所亂」，湯、武王「受而治之」；「在於桀、紂，則天下亂」、「在於湯、武，

---

13 孫詒讓撰《墨子閒詁‧非命上》，同 1，頁 164。

則天下治」的歷史事實,實際上並未對治亂與命是否有關係
進行論證。

　　所幸以下引述「三代之暴王」遭遇敗亡,卻歸咎於命;「三
代之窮民」面臨饑寒,也歸咎於命;卻不反省自己的所作所
行是否得當為例,則已能明確的以古代聖王的反面事例,論
證「以命為有」的不可信,他說:

> 昔者三代之暴王,不繆其耳目之淫,不慎其心志之辟,
> 外之歐騁田獵畢弋,內沉於酒樂,而不顧其國家百姓
> 之政。繁為無用,暴逆百姓,使下不親其上,是故國
> 為虛厲,身在刑僇之中。不胥曰:「我罷不肖,我為
> 刑政不善」,必曰:「我命故且亡。」雖昔也三代之窮
> 民,亦由此也。內之不能善事其親戚,外不能善事其
> 君長,惡恭儉而好簡易,貪飲食而惰從事,衣食之財
> 不足,使身至有饑寒凍餒之憂,必不能曰:「我罷不
> 肖,我從事不疾」,必曰:「我命固且窮。」雖昔也三
> 代之偽民,亦猶此也。繁飾有命,以教愚樸人久矣。[14]

緊接著即提出聖王對這種將災難歸之於命的消極態度,甚不
以為然,故撰作〈仲虺之告〉、〈太誓〉、〈召公〉、商夏之詩書
等來告誡臣民,曰:

> 聖王之患此也,故書之竹帛,琢之金石,於先王之書
> 〈仲虺之告〉曰:「我聞有夏,人矯天命,布命于下,

---

14 孫詒讓撰《墨子閒詁・非命中》,同 1,頁 170-171。

帝式是惡，用闕師。」此語夏王桀之執有命也，湯與
仲虺共非之。先王之書〈太誓〉之言然曰：「紂夷之
居，而不肎事上帝，棄闕其先神而不祀也，曰：『我
民有命，毋僇其務。』天不亦棄縱而不葆。」此言紂
之執有命也，武王以〈太誓〉非之。有於三代不國有
之曰：「女毋崇天之有命也。」命三不國亦言命之無
也。於召公之執令亦然，且：「『敬哉！無天命，惟予
二人，而無造言，不自降天之哉得之。」在於商、夏
之詩書曰：「命者暴王作之。」且今天下之士君子，
將欲辯是非利害之故，當天有命者，不可不疾非也。」
執有命者，此天下之厚害也，是故子墨子非也。[15]

引用多種三代聖王告誡臣民之事，確實能如其第一表所言「本
之於古者聖王之事」，來證明「執有命者」之非。

　　然而到了第二表「原之者」，情況就大不相同了，墨子認
為自古以來沒有人見過命的形象，也沒有人聽到命的聲音，
以此斷定命非實有，他說：

　　我所以知命之有與亡者，以眾人耳目之情，知有與亡。
　　有聞之，有見之，謂之有；莫之聞，莫之見，謂之亡。

---

15 孫詒讓撰《墨子閒詁‧非命中》，同 1，頁 171-172。「用闕師」之「闕」
　　當作「厥」。「有於三代不國」之「不國」當作「百國」。「命三不國」
　　之「三不國」當作「三代百國」。「於召公之執令亦然」當作「於召公之
　　非執命亦然」。「且敬哉無天命」之「且」當作「曰」。「不自降天之哉得
　　之」當作「不自天降，自我得之」。「且今天下之士君子」之「且」當作
　　「曰」。「當天有命者」之「當天」當作「當夫」。「子墨子非也」當作「子
　　墨子非之也」。

> 然胡不嘗考之百姓之情？自古以及今，生民以來者，
> 亦嘗見命之物，聞命之聲者乎？則未嘗有也。[16]

而且為加強並未聽到、看到即屬「未嘗有」的論述，墨子認為百姓或許因為愚昧不肖，無所聞、所見不足以為據，但自古以來各國的傳說也沒有聞、見命的事情，而說：

> 若以百姓為愚不肖，耳目之情不足因而為法，然則胡不嘗考之諸侯之傳言流語乎？自古以及今，生民以來者，亦嘗有聞命之聲，見命之體者乎？則未嘗有也。[17]

把命看做有其形象，能發言出聲，為我們所聞見的實體，已十分荒謬；而且只重視所聞所見，卻完全忽略心理的感受，更是不可思議。

至於第三表「用之者」，墨子認為如果相信有命，就會聽天由命而不在人事上努力，終將導致刑政亂、財用不足等種種凶禍，他說：

> 今用執有命者之言，則上不聽治，下不從事。上不聽治則刑政亂，下不從事則財用不足。上無以供粢盛酒醴，祭祀上帝鬼神；下無以降綏天下賢可之士；外無以待諸侯之賓客；內無以食飢衣寒，將養老弱。故命上不利于天，中不利于鬼，下不利於人，而強執此者，

---

16 孫詒讓撰《墨子閒詁・非命中》，同1，頁169。
17 孫詒讓撰《墨子閒詁・非命中》，同1，頁169。

> 此特凶言之所自生，而暴人之道也。[18]

因此士君子如果想要為天下興利除害，則不能不極力闢斥有命者之言，他說：

> 今天下之士君子，中實將欲求興天下之利，除天下之害，當若有命者之言，不可不強非也。曰：命者，暴王所作，窮人所術，非仁者之言也。今之為仁義者，將不可不察而強非者，此也。[19]

所講雖然也有「興天下之利，除天下之害」的主張，但整體而言，絕大部分在抨擊「執有命者之言」所造成的種種弊害，此與「廢以為刑政，觀其中國家百姓之利」，所著重者在「利」而不在「害」的出發點，並不十分符合，顯然也不是適切的論述之道。

## （二）以〈兼愛〉為例

　　墨子於《墨子‧非命》上、中、下三篇中皆述及「三表」，然而「三表」對墨子非命思想的論證，卻如上述般的粗疏而欠周全，此種情形到了墨子最為強調的兼愛主張時，就更為明顯而令人難以置信了。

　　以第一表「本之者」而論，表面上看來，確實能「本之於古者聖王之事」，如曰：

---

18　孫詒讓撰《墨子閒詁‧非命中》，同1，頁168。
19　孫詒讓撰《墨子閒詁‧非命下》，同1，頁176。

古者禹治天下，西為西河漁竇，以泄渠孫皇之水；北
為防原派，注后之邸，嘑池之竇，洒為底柱，鑿為龍
門，以利燕、代、胡貉與西河之民；東方漏之陸，防
孟諸之澤，灑為九澮，以捷東土之水，以利冀州之民；
南為江、漢、淮、汝，東流之，注五湖之處，以利荊、
楚、干、越與南夷之民。此言禹之事，吾今行兼矣。
昔者文王之治西土，若日若月，乍光於四方，于西土，
不為大國侮小國，不為眾庶侮鰥、寡，不為暴勢奪穡
人黍、稷、狗、彘。天屑臨文王慈，是以老而無子者，
有所得終其壽；連獨無兄弟者，有所雜於生人之間；
少失其父母者，有所放依而長。此文王之事，則吾今
行兼矣。昔者武王將事泰山隧，傳曰：「泰山，有道
曾孫周王有事，大事既獲，仁人尚作，以祗商夏、蠻
夷醜貉，雖有周親，不若仁人，萬方有罪，維予一人。」
此言武王之事，吾今行兼矣。[20]

所述者為大禹奔波西、北、東、南各地治水，以利四方
之民。周文王照顧鰥、寡、孤、獨等弱勢者，使其生活皆有
所依。周武王伐紂，以解救夏、商遺民及四方外族之人。墨
子將此三位聖王的功業，包括治水以利民、照顧弱勢者、解
救前代遺民及外族之人，皆視為「吾今行兼矣」，認為他們所
行的都是兼愛之事，也就是墨子如今想推行的不分彼此、視
人如己的兼愛理念。說法十分勉強，顯然是有意曲解大禹、

---

20　孫詒讓撰《墨子閒詁・兼愛中》，同 1，頁 67-70。「東方漏之陸」當作「東
　　為漏大陸」。

周文王、周武王的功業以牽就己說。

　　除此之外，墨子又分別引用〈泰誓〉、〈禹誓〉、〈湯說〉、周詩，來證明聖王所行皆為兼愛之舉，因而認定自己想要推行的兼愛，完全是取法於這些聖王。茲分別引述其說如下：

> 〈泰誓〉曰：「文王若日若月，乍照，光于四方，于西土。」即此言文王之兼愛天下之博大也，譬之日月兼照天下之無有私也。即此文王兼也，雖子墨子之所謂兼者，於文王取法焉。[21]

> 雖〈禹誓〉即亦猶是也。禹曰：「濟濟有眾，咸聽朕言，非惟小子，敢行稱亂，蠢茲有苗，用天之罰，若予既率爾群對諸群，以征有苗。」禹之征有苗也，非以求以重富貴，干福祿，樂耳目也，以求興天下之利，除天下之害。即此禹兼也。雖子墨子之所謂兼者，於禹求焉。[22]

> 雖〈湯說〉亦猶是也，湯曰：「惟予小子履，敢用玄牡，告於上天后，曰：『今天大旱，即當朕身履，未知得罪于上下。有善不敢蔽，有罪不敢赦，簡在帝心。萬方有罪，即當朕身，朕身有罪，無及萬方。』」即此言湯貴為天子，富有天下，然且不憚以身為犧牲，

---

21 孫詒讓撰《墨子閒詁·兼愛下》，同 1，頁 75-76。

22 孫詒讓撰《墨子閒詁·兼愛下》，同 1，頁 76。「群對諸群」當作「群對諸君」。

以祠說于上帝鬼神。即此湯兼也。雖子墨子之所謂兼者，於湯取法焉。[23]

周詩即亦猶是也，周詩曰：「王道蕩蕩，不偏不黨；王道平平，不黨不偏。其直若矢，其易若底，君子之所履，小人之所視。」若吾言非語道之謂也，古者文、武為正，均分，賞賢罰暴，勿有親戚弟兄之所阿。即此文、武兼也。雖子墨子之所謂兼者，於文、武取法焉。[24]

據上所載，墨子認為禹、湯、文、武之所作所為皆屬兼愛之事，故成為自己取法的對象。對古史稍有認識者，都清楚所述諸聖王的行事，乃立德、立功之舉，為推己以及人的推愛，而非不分親疏遠近的兼愛表現。墨子顯然還是在引聖王之事業以牽就自己的兼愛之說，其難以成立而不為人所信服明矣。

尤有甚者，在〈兼愛〉上、中、下三篇中，除了第一表「本之者」的牽強論述以外，對第二表的「原之者」、第三表的「用之者」，竟然沒有舉出任何例子，也完全未加闡述。如此，則其所立兼愛之說，豈非如其所指責的「言而無儀，譬猶運鈞之上而立朝夕者也，是非利害之辨，不可得而明知也」？

---

23 孫詒讓撰《墨子閒詁・兼愛下》，同 1，頁 76-77。
24 孫詒讓撰《墨子閒詁・兼愛下》，同 1，頁 77-78。

# 五、結　語

墨子在戰爭頻繁、民生疲瘁的時代，本其悲天憫人的情懷，提出兼愛、非攻等思想，試圖力挽狂瀾，拯濟生民，用心至為可取。尤為難能可貴的是他不僅提出主張，更身體力行，真正做到公爾忘私，不顧艱辛勞苦，四處奔走，以寢兵勸愛，期盼消弭戰爭、杜絕糜費，使天下之人皆能兼相愛而交相利。其所言所行，甚至於連抨擊他不遺餘力的孟子都不免要讚嘆說：「墨子兼愛，摩頂放踵利天下，為之。」[25]

或許是由於墨子的思想確實能深切指陳當時社會的病痛，而他的行為也能符應其主張，而非空口講白話，因而大受歡迎，墨家乃成為當時的顯學。孰料到了秦、漢時代，其說卻等於銷聲匿跡，既無法在思想界繼續引領風騷，更幾乎未能對政治教化產生影響。

探討其中緣由，可能是墨子思想比起其他各家有其較多的偏蔽，也可能是墨子思想有較大的相互矛盾之處，對此歷來已有許多評述，如《莊子·天下》、《荀子》〈非十二子篇〉〈解蔽篇〉〈天論篇〉、司馬談〈論六家要旨〉、《漢書·藝文志·諸子略》，以至王充《論衡》等，皆已分從不同層面分析探討，其中也頗多極為深刻中肯之論。但因非本文之所著重，故不贅述。

論及思想有所長，也有不足之處，還有照應不周全者，

---

25 朱熹著《孟子集注·盡心上》，同 2，頁 500。

其實諸子百家或多或少都有之，不能單獨苛責墨家。墨家思想或許偏蔽較大、矛盾較多，終於導致衰微。但除此之外，是否尚有其他原因？如深入探究墨子所提出的「三表」，以及其運用情形，極可能也屬墨家急遽沒落的因素之一。

　　墨子認為想要抒發自己的見解，或檢視他人所述道理是否可信，都應該具有可供依循的標準，因而提出「三表」，用意頗為可取。「三表」也確實能兼顧過去、現在與未來。其中的第一表試圖藉溫故而推新、以往事為師。第二表則能注重現象、訴諸經驗。第三表強調不能空談道理，必須注重實效。既有整體的考量，也各有其可取之處。

　　然而略加思索，卻也不難發現各表所述皆有其粗疏之處。依本文第三節所述，第一表已存在一些疑點，到了第二表更屬粗淺而外在，第三表也未必能扣準實效立論。整體來看，三表之間也有相互牴牾之處。既然如此，想要做為立論或評價的依循標準，實屬牽強而難以令人採從。

　　再看墨子本人對於「三表」的實際運用，本文第四節即以〈非命〉三篇、〈兼愛〉三篇為例加以檢證，發現〈非命〉三篇中僅第一表尚可謂合乎要求，第二表即陷於表象而顯得膚淺，第三表所論重在除害而非興利，也偏離了重點。〈兼愛〉三篇中更僅觸及第一表，然而卻曲解古代聖王的行事以牽就己意，已有穿鑿附會之病。至於第二表、第三表則完全忽略不講，更是不應該。凡此皆可見墨子對於自己所提的立言標準，可以說是等於不遵守。

　　按「三表」雖非墨子的思想，但卻是用來檢視墨子思想是否能成立的標準。墨子雖能充分了解此標準的重要，然而

卻幾乎不遵循，其結果即會陷於他所自言的「是非利害之辨，不可得而明知也」、「天下之情偽，未可得而識也」、「雖有朝夕之辯，必將終未可得而從定也」，[26]如此則其所強調的兼愛、非攻等思想豈非等於空言！既屬空言，則眾人對其講述的兼愛、非攻等思想就不再歡迎，甚至會鄙而棄之。墨家思想的終歸於沒落，也就順理成章了。

　　　　　　——原發表於《孔孟學報》98 期，2020 年 9 月 28 日

---

26 所引三則分見孫詒讓撰《墨子閒詁‧非命》上、中、下三篇，同 1，頁 164、169、172。

# 肆、荀子「禮之三本」的蘊意及其作用

《荀子・禮論篇》:「禮有三本:天地者,生之本也;先祖者,類之本也;君師者,治之本也。無天地,惡生?無先祖,惡出?無君師,惡治?三者偏亡,焉無安人。故禮,上事天,下事地,尊先祖而隆君師。是禮之三本也。」[1]

## 一、前　言

在傳統的社會中,有許多人家往往會在廳堂供奉「天地君親師」的牌位,並且按歲時祭祀,此種舉措一般認為源自於《荀子・禮論篇》所述:

> 禮有三本:天地者,生之本也;先祖者,類之本也;君師者,治之本也。無天地,惡生?無先祖,惡出?無君師,惡治?三者偏亡,焉無安人。故禮,上事天,

---

1 楊倞注,王先謙集解《荀子集解・禮論篇》,台北:世界書局《新編諸子集成》第二冊,1972 年 10 月新 1 版。頁 233。

　　下事地，尊先祖而隆君師。是禮之三本也。

其說又見於《大戴禮記・禮三本》及《史記・禮書》，文字雖略有不同，但皆認為天地、先祖、君師為禮的三本。[2]

　　按天地、先祖（親）、君師，或提供我們維持生命所需之資源，或為我們生命之所自出，或讓我們的生命得以充實，都對我們的生命有莫大的助益。我們在感念之餘，乃懷抱著飲水思源的心理，試圖有所回報，因而安排不同的儀式來祭祀此三者。進而由此三種祭祀推而廣之，制訂各種從個人到社會、國家的禮儀制度，故荀子認為天地、先祖、君師乃是禮的三個根源。

　　按「禮有三本」的禮，與荀子所強調的禮是否完全相同？又天地、先祖、君師雖然分別為生、類、治之本，但為何會成為「禮之三本」？「上事天，下事地，尊先祖而隆君師」的作用又是如何？凡此三點乃是本文所欲探究者。

---

2　孔廣森撰《大戴禮記補注・禮三本》作「禮有三本：天地者，性之本也；先祖者，類之本也；君師者，治之本也。無天地焉生？無先祖焉出？無君師焉治？三者偏亡，無安之人。故禮，上事天，下事地，宗事先祖，而寵君師，是禮之三本也。」北京：中華書局，2013 年 1 月 1 版，頁 31。司馬遷撰，裴駰集解，司馬貞索隱，張守節正義《史記・禮書》作「天地者，生之本也；先祖者，類之本也；君師者，治之本也。無天地，惡生？無先祖，惡出？無君師，惡治？三者偏亡，則無安人。故禮，上事天，下事地，尊先祖而隆君師，是禮之三本也。」台北：藝文印書館據清乾隆武英殿刊本影印，1958 年，頁 461。兩者文字與《荀子》略有差異，意旨則完全相同。

# 二、「上事天，下事地，尊先祖而隆君師」的

# 禮究何所指？

　　荀子對禮極為重視，在《荀子》首篇〈勸學篇〉中，除了對學習的意義、環境、態度、方法、途徑、內容、目標等，皆有精闢的論述外，進而歸結道：

> 學惡乎始？惡乎終？曰：其數則始乎誦經，終乎讀禮。[3]

　　既然學的終極目標乃在「讀禮」，因而十分推崇禮的地位，云：

> 禮者，法之大分，類之綱紀也。故學至乎禮而止矣，夫是之謂道德之極。[4]

　　為何將禮抬到如此高的地位，蓋因荀子心目中的禮範圍至廣，舉凡個人的立身處世，到社會的和諧有序，以至國家的治理強盛，莫不包涵在內。其論個人的立身處世者，如：

> 食飲、衣服、居處、動靜，由禮則和節，不由禮則觸

---

3 楊倞注，王先謙集解《荀子集解・勸學篇》，同注 1，頁 7。
4 楊倞注，王先謙集解《荀子集解・勸學篇》，同注 1，頁 7。

> 陷生疾；容貌、態度、進退、趨行，由禮則雅，不由
> 禮則夷固僻違，庸眾而野。[5]

又如：

> 請問為人君？曰：以禮分施，均徧而不偏。請問為人
> 臣？曰：以禮待君，忠順而不懈。請問為人父？曰：
> 寬惠而有禮。請問為人子？曰：敬愛而致文。請問為
> 人兄？曰：慈愛而見友。請問為人弟？曰：敬詘而不
> 苟。請問為人夫？曰：致功而不流，致臨而有辨。請
> 問為人妻？曰：夫有禮則柔從聽侍，夫無禮則恐懼而
> 自竦也。[6]

其論社會之和諧有序者，如：

> 先王案為之制禮義以分之，使有貴賤之等，長幼之差，
> 知愚、能不能之分，皆使人載其事而各得其宜，然後
> 使慤祿多少厚薄之稱，是夫群居和一之道也。[7]

又如：

---

5　楊倞注，王先謙集解《荀子集解·修身篇》，同注 1，頁 14。
6　楊倞注，王先謙集解《荀子集解·君道篇》，同注 1，頁 152-153。
7　楊倞注，王先謙集解《荀子集解·榮辱篇》，同注 1，頁 44。

　　禮者，貴賤有等，長幼有差，貧富輕重皆有稱者也。[8]

　　其論國家的治理強盛者，如：

　　禮者，治辨之極也，強固之本也，威行之道也，功名
　　之總也。[9]

又如：

　　國無禮則不正。禮之所以正國也，譬之猶衡之於輕重
　　也，猶繩墨之於曲直也，猶規矩之於方圓也，既錯之
　　而人莫之能誣也。[10]

　　類似上舉三種作用之言論皆甚多，此不一一列舉。

　　總之，從個人的生活，以至各種事務的達成，甚而國家
的安定，皆有賴於禮的維持，故曰：

　　故人無禮則不生，事無禮則不成，國家無禮則不寧。[11]

　　既然禮的範圍如此廣大，影響如此深遠，地位如此崇高，
當然是經過長期持續的擴充發展而來的。如就禮的本義而言，
《說文解字》云：

---

8　楊倞注，王先謙集解《荀子集解・富國篇》，同注 1，頁 115。
9　楊倞注，王先謙集解《荀子集解・議兵篇》，同注 1，頁 186。
10　楊倞注，王先謙集解《荀子集解・王霸篇》，同注 1，頁 136。
11　楊倞注，王先謙集解《荀子集解・修身篇》，同注 1，頁 14。

> 禮，履也，所以事神致福也。从示从豊，豊亦聲。[12]

段玉裁注曰：

> 禮有五經，莫重於祭，故禮字从示。豊者，行禮之
> 器。[13]

徐灝《說文解字注箋》曰：

> 禮之名起於事神，引申為凡禮儀之稱。[14]

　凡此皆可見禮是由祭祀神祇發展而成者，故韋政通於解釋荀子「禮有三本」之義時，直言道：

> 三本即所謂三祭，這一方面說明儒教祭祀的對象，另
> 方面也說明當祭之故。[15]

蔡仁厚也在詮釋荀子「禮有三本」時，說：

> 儒家的「三祭」之禮(祭天地、祭祖先、祭聖賢)，即

---

12 許慎著，段玉裁注《說文解字注》，台北：黎明文化事業公司，1978 年
　11 月 4 版，頁 2。
13 許慎著，段玉裁注《說文解字注》，同注 12，頁 2。
14 徐灝著《說文解字注箋》，台北：廣文書局，第一上，頁 8。
15 韋政通著《荀子與古代哲學》，台北：台灣商務印書館，1992 年 9 月 2
　版 1 刷，頁 216。

依此禮三本而來。[16]

　　由是可見荀子所講「禮之三本」的禮，原指禮的本義——祭祀神祇，據此本義逐步發展擴充，乃成為荀子心目中涵括個人、社會、國家廣大範圍的禮。如是「上事天，下事地，尊先祖而隆君師」的禮，乃成為荀子所講幾乎無所不包之禮的根源，因而將其稱為「禮之三本」。

# 三、「禮之三本」的蘊意

　　荀子既然認為天地、先祖、君師分別為生、類、治之本，因而事天、事地、尊先祖而隆君師乃成為禮之三本，其理由何在？所蘊涵的意旨為何？茲據《荀子》各篇所載，試加闡述如下。

## (一)天地者，生之本也

　　荀子對於天(地)的看法迥異於先秦時期的諸子百家，他認為天是無意識的，並無賞罰的能力，當然也與人世間的禍福無關，人之或為吉或為凶，關鍵完全在於自己而不在於天，此即所謂天人之分，曰：

　　　天行有常，不為堯存，不為桀亡。應之以治則吉，應

16 蔡仁厚著《孔孟荀哲學》，台北：台灣學生書局，1988 年 2 月 2 刷。頁479。

之以亂則凶。彊本而節用，則天不能貧；養備而動時，則天不能病；修道而不貳，則天不能禍。故水旱不能使之飢，寒暑不能使之疾，祆怪不能使之凶。本荒而用侈，則天不能使之富；養略而動罕，則天不能使之全；倍道而妄行，則天不能使之吉。故水旱未至而飢，寒暑未薄而疾，祆怪未至而凶。受時與治世同，而殃禍與治世異，不可以怨天，其道然也。故明於天人之分，則可謂至人矣。[17]

雖然主張天人有別，我們也沒有必要去知曉天意，因為天本來就無意識可言，但荀子仍然認為萬物乃天地相結合而創生的，曰：

天地合而萬物生，陰陽接而變化起。[18]

我們人的生命即由此而來。不僅如此，用來供養我們生命的萬物也是出於天地，曰：

今是土之生五穀也，人善治之，則畝數盆，一歲而再獲之；然後瓜桃棗李，一本數以盆鼓；然後葷菜百疏以澤量；然後六畜禽獸，一而剸車，黿鼉魚鱉鰍鱣以時別，一而成群；然後飛鳥鳧雁若烟海；然後昆蟲萬物生其間，可以相食養者，不可勝數也。夫天地之生

---

17 楊倞注，王先謙集解《荀子集解·天論篇》，同注 1，頁 205。
18 楊倞注，王先謙集解《荀子集解·禮論篇》，同注 1，頁 243。

萬物也，固有餘足以食人矣；麻葛繭絲鳥獸之羽毛齒革也，固有餘足以衣人矣。[19]

舉凡人之所以有其生命，並獲得衣食等所需物質的供應以維持生活，皆有賴於天地之功，故曰「天地者，生之本也」。

因此我們固然要「不求知天」，亦即不必推求天意，蓋天本無意志可言。但是另一方面仍然要「知天」，亦即了解天地變化的規律，如此才能制天命而用之，[20]掌握天時、地利，並在人事上善盡其職分，曰：

天有其時，地有其財，人有其治，夫是之謂能參。[21]

此即所謂參天地之化育，亦即回報生之本的天地之最佳方式。[22]

不過在天時、地利以及人事上，最為關鍵的還是在人事，如不能在人事上盡力，則將帶來莫大的災害，荀子稱之為「人祅」，曰：

---

19 楊倞注，王先謙集解《荀子集解·富國篇》，同注 1，頁 119-120。

20 荀子在《天論篇》中一方面說「唯聖人為不求知天，」另方面又說「其行曲治，其養曲適，其生不傷，夫是之謂知天。」既要「不知天」，又要「知天」，乍看似有矛盾，其實各有所指，並不互相牴觸。

21 楊倞注，王先謙集解《荀子集解·天論篇》，同注 1，頁 206。

22 此所謂「參」，王先謙解此句云：「人能治天時地財而用之，則是參於天地。」意似較接近於《中庸》「可以贊天地之化育，則可以與天地參矣」之意，但又未必完全相同。牟宗三則云「荀子之參只是治，此與參贊不同。」各有所見，似皆可通。牟宗三之說見氏著《名家與荀子》，台北：台灣學生書局，1990 年 3 月初版 4 刷，頁 214。

> 楛耕傷稼，耘耨失薉，政險失民，田薉稼惡，糴貴民
> 飢，道路有死人，夫是之謂人祆。政令不明，舉錯不
> 時，本事不理，夫是之謂人祆。禮義不修，內外無別，
> 男女淫亂，則父子相疑，上下乖離，寇難並至，夫是
> 之謂人祆。祆是生於亂。三者錯，無安國，其說甚爾，
> 其災甚慘。[23]

此與前引「天行有常，不為堯存，不為桀亡。應之以治
則吉，應之以亂則凶」的道理一致，吉凶禍福完全操之在人，
故天地者雖為生之本，但能否維生，則端賴於人，此即荀子
所強調的天人之分，由是更可見他對於天人關係的特殊見
解。

### (二)先祖者，類之本也

或許由於整個族類乃是由祖先不斷的繁衍而來，乃是眾
所周知之事，因此儘管荀子對於「先祖者，類之本也」，表面
看來似乎著墨不多，但他對於維繫家族繁衍昌盛的孝道則頗
有論述，如云：

> 子路問於孔子曰：「有人於此，夙興夜寐，耕耘樹藝，
> 手足胼胝，以養其親，然而無孝之名，何也？」孔子
> 曰：「意者身不敬與？辭不遜與？色不順與？古之人
> 有言曰：『衣與！繆與！不女聊。』今夙興夜寐，耕

---

23 楊倞注，王先謙集解《荀子集解・天論篇》，同注 1，頁 209-210。

> 耘樹藝，手足胼胝，以養其親，無此三者，則何以為
> 而無孝之名也？……。故君子入則篤行，出則友賢，
> 何為而無孝之名也？」[24]

所述行孝之道與《論語》所載，孔子論孝以為必須更重視精
神層面，必須修身行道以不遺親憂等並無二致。

　尤為難能可貴者，荀子將人之所行分為三等，以為孝悌
乃是小行，能遵從道義才是最高的德行，曰：

> 入孝出弟，人之小行也；上順下篤，人之中行也；從
> 道不從君，從義不從父，人之大行也。……。孝子所
> 不從命有三：從命則親危，不從命則親安，孝子不從
> 命乃衷。從命則親辱，不從命則親榮，孝子不從命乃
> 義。從命則禽獸，不從命則修飾，孝子不從命乃敬。
> 故可以從而不從，是不子也；未可以從而從，是不衷
> 也。明於從不從之義，而能致恭敬，忠信、端愨以慎
> 行之，則可謂大孝矣。[25]

顯然所注重的乃是孝的最高層次，而與《孝經》、《禮記‧祭
義》所述的道理相符。[26]

---

24 楊倞注，王先謙集解《荀子集解‧子道篇》，同注 1，頁 348。
25 楊倞注，王先謙集解《荀子集解‧子道篇》，同注 1，頁 347。
26 唐玄宗御注，邢昺疏《孝經‧開宗明義章》：「身體髮膚，受之父母，不
　　敢毀傷，孝之始也。立身行道，揚名於後世，以顯父母，孝之終也。夫
　　孝，始於事親，中於事君，終於立身。」台北：藝文印書館影印嘉慶二
　　十年江西南昌府學開雕《重刊宋本孝經注疏附校勘記》，頁 11。另鄭玄
　　注，孔穎達疏《禮記‧祭義》：「曾子曰：『孝有三：大孝尊親，其次弗辱，

更值得我們注意的是荀子在論述祭祀時說：

> 祭者志意思慕之情也。[27]

按祭祀的對象很廣，但用以表達志意思慕之情最深切者莫過於子孫對父祖，是故荀子在《禮論篇》中費了很大的篇幅論述何以要為親長守喪、喪期為何長短不同的原因道：

> 三年之喪，何也？曰：稱情而立文，因以飾群，別親疏貴賤之節，而不可益損也。……創巨者其日久，痛甚者其愈遲，三年之喪，稱情而立文，所以為至痛極也。……凡生乎天地之間者，有血氣之屬必有知，有知之屬莫不愛其類。今夫大鳥獸則失亡其群匹，越月踰時，則必反鉛過故鄉，則必徘徊焉，鳴號焉，躑躅焉，踟躕焉，然後能去之也。小者是燕爵，猶有啁噍之頃焉，然後能去之。故有血氣之屬莫知於人，故人之於其親也，至死無窮。將由夫愚陋淫邪之人與，則彼朝死而夕忘之；然而縱之，則是曾鳥獸之不若也，彼安能相與群居而無亂乎？將由夫修飾之君子與，則三年之喪，二十五月而畢，若駟之過隙，然而遂之，

---

其下能養。』公明儀問於曾子曰：『夫子可以為孝乎？』曾子曰：『是何言與！是何言與！君子之所為孝者：先意承志，諭父母於道。參直養者也，安能為孝乎？』……曾子曰：『孝有三：小孝用力，中孝用勞，大孝不匱。思慈愛忘勞，可謂用力矣；尊仁安義，可謂用勞矣；博施備物，可謂不匱矣。』台北：藝文印書館影印嘉義二十年江西南昌府學開雕《重刊宋本禮記注疏附校勘記》，1955 年，頁 820-821。兩書所言，與此類似。

27 楊倞注，王先謙集解《荀子集解‧禮論篇》，同注 1，頁 249。

則是無窮也。故先王聖人安為之立中制節，一使足以
成文理，則舍之矣。然則何以分之？曰：至親以期斷。
是何也？曰：天地則已易矣，四時則已徧矣，其在宇
中者，莫不更始矣，故先王案以此象之也。然則三年
何也？曰：加隆焉，案使倍之，故再期也。由九月以
下何也？曰：案使不及也。故三年以為隆，緦、小功
以為殺，期、九月以為間。上取象於天，下取象於地，
中取則於人，人所以群居和一之理盡矣。[28]

將喪期配合天地運轉，以一年為斷，再依人情之遠近，或表
示更加隆重而為三年之喪（跨三年，即二十五月），或減輕期
限而為緦麻（三月）、小功（五月），而以期、九月（大功）
做為居中的喪期。兼顧自然的循環與人情的親疏，可謂情理
並重。

　　喪祭之禮都是用來表達對祖先，亦即己身所從出者的崇
敬戀慕之情，荀子之重視祭祀，並闡述喪期有長有短的用意
—「稱情而立文，因以飾群，別親疏貴賤之節」。意旨與曾子
所謂「慎終追遠，民德歸厚矣」[29]相通，即是以追懷祖先，
培養飲水思源、感恩圖報的心理，而使社會風氣趨於篤實淳
厚。

---

28 楊倞注，王先謙集解《荀子集解·禮論篇》，同注 1，頁 247-248。按此
　段文字又見於《禮記·三年問》，但文字略有不同。
29 朱熹著《論語集注·學而》，台北：大安出版社《四書章句集注》，2005
　年 8 月 1 版 5 刷，頁 65。

### (三)君師者，治之本也

荀子思想中最為世所矚目者為其性惡論，他認為如順應人天生的情性自然發展，必將趨向於惡。因此主張化(情)性(之惡)以起偽(人為)，亦即透過後天的教化，才能使人合乎禮義法度而歸於善。故曰：

> 凡禮義者，是生於聖人之偽，非故生於人之性也。……聖人積思慮，習偽故，以生禮義而起法度，然則禮義法度者，是生於聖人之偽，非故生於人之性也。……故聖人化性而起偽，偽起而生禮義，禮義生而制法度。然則禮義法度者，是聖人之所生也。[30]

此所謂聖人指的是制訂禮義法度，以化性起偽的聖君賢師，因其能從事教化而化除人之惡性以歸於治，故荀子對於「君師者，治之本也」所論較多。

按荀子雖然極重視禮，但要崇禮端賴於君師的教化，故在其心目中，君師的地位尤在隆禮之上，曰：

> 學之經莫速乎好其人，隆禮次之。[31]

所好之人即為聖君賢師。

就君王而言，荀子認為君王乃臣民的表率、根本，否則

---

30 楊倞注，王先謙集解《荀子集解・性惡篇》，同注 1，頁 291-292。
31 楊倞注，王先謙集解《荀子集解・勸學篇》，同注 1，頁 8。

即不能稱為君王。在上位者若能以身作則，臣民就會受感化而與之同心，使國家達到治平的地步，曰：

> 主者，民之唱也；上者，下之儀也。彼將聽唱而應，視儀而動，唱默則民無應也，儀隱則下無動也。不應不動，則上下無以相有也，若是，則與無上同也，不祥莫大焉。故上者下之本也，上宣明則下治辨矣，上端誠則下愿愨矣，上公正則下易直矣。治辨則易一，愿愨則易使，易直則易知。易一則彊，易使則功，易知則明，是治之所由生也。[32]

　　人君的作用有二：一為能群，二為有分。何謂能群？荀子曰：

> 道者何也？曰君道也。君者何也？曰能群也。能群也者何也？曰：善生養人者也，善班治人者也，善顯設人者也，善藩飾人者也。善生養人者人親之，善班治人者人安之，善顯設人者人樂之，善藩飾人者人榮之。四統者俱而天下歸之，夫是之謂能群。[33]

所謂能群，就是將人組織成社會群體，善於讓大家分工合作，以相生相養；善於將人分為不同等級，加以治理；善於安置人，讓賢能者享有高的地位；善於制定禮儀，讓有功績者獲

---

32 楊倞注，王先謙集解《荀子集解・正論篇》，同注 1，頁 214。
33 楊倞注，王先謙集解《荀子集解・君道篇》，同注 1，頁 156。

得榮耀；這四個方面都具備了，就能獲得大家的歸附。

何謂有分？荀子曰：

> 人之生不能無群，群而無分則爭，爭則亂，亂則窮矣，
> 故無分者人之大害也，有分者天下之本利也，而人君
> 者所以管分之樞要也。……古者先王分割而等異之也，
> 故使或美或惡，或厚或薄，或佚或樂，或劬或勞，非
> 特以為淫泰誇麗之聲，將以明仁之文，通仁之順也。[34]

所謂有分，意指將人群分為各種不同的等級，各有相異的待
遇，讓大家能各安其位，以彰明並維持社會的秩序。

就師而言，荀子認為其作用乃在於正禮，亦即以禮教化
眾人，使眾人安於依禮法立身處世，曰：

> 禮者所以正身也，師者所以正禮也。無禮何以正身？
> 無師吾安知禮之為是也？禮然而然，則是情安禮也；
> 師云而云，則是知若師也；情安禮，知若師，則是聖
> 人也。[35]

蓋若無師則眾人不知禮法，只能順著趨向於惡的情性發
展，唯利是圖，只知滿足口腹的需求，完全不知禮義、辭讓、
廉恥，而唯利是圖，故曰：

---

34 楊倞注，王先謙集解《荀子集解·富國篇》，同注 1，頁 116。
35 楊倞注，王先謙集解《荀子集解·修身篇》，同注 1，頁 20。

> 人之生固小人，無師無法，則唯利之見耳。……今是
> 人之口腹，安知禮義？安知辭讓？安知廉恥隅
> 積？……人無師無法，則其心正其口腹也。[36]

依照荀子性惡論的觀點，如順著人的情性發展，行為必
定趨向於惡，因此有賴於師法教化，才能端正行為，使社會
歸於治平，曰：

> 然則從人之性，順人之情，必出於爭奪，合於犯分亂
> 理而歸於暴。故必將有師法之化、禮義之道，然後出
> 於辭讓，合於文理，而歸於治。[37]

因此國家的盛衰存亡與是否貴師重傳，關係至為密切，
曰：

> 國將興，必貴師而重傳，貴師而重傳則法度存。國將
> 衰，必賤師而輕傳，賤師而輕傳則人有快，人有快則
> 法度壞。[38]

綜而言之，君與師在後天的教化上，皆扮演極為重要的
角色，對於化除情性之惡，避免偏險悖亂，使天下出於治、
合於善，有其不可或缺的效用在，故云：

---

36 楊倞注，王先謙集解《荀子集解‧榮辱篇》，同注 1，頁 40。
37 楊倞注，王先謙集解《荀子集解‧性惡篇》，同注 1，頁 289。
38 楊倞注，王先謙集解《荀子集解‧大略篇》，同注 1，頁 336。

> 古者聖人以人之性惡，以為偏險而不正，悖亂而不治，
> 故為之立君上之勢以臨之，明禮義以化之，起法正以
> 治之，重刑罰以禁之，使天下皆出於治、合於善也。
> 是聖王之治而禮義之化也。[39]

使天下皆出於治、合於善，完全仰賴聖君發揮能群、有分的職能，以及賢師推行禮法，故曰「君師者，治之本也」。

# 四、「禮之三本」的作用

前文所述「禮之三本」採行的「上事天，下事地，尊先祖而隆君師」的禮儀，據上所述，乃是指祭祀而言，祭祀天地君親師的作用為何？約而言之，蓋可分為兩點。

## (一)報本反始

既然天地創生了人類，並且生養萬物以提供人類生活之所需，而為生之本；先祖為我們生命之所自出，使得族群得以世代相承，繁衍不息，而為類之本；君師推行教化，維護群體的秩序，使社會安定，而為治之本；因此荀子以為此三者乃祭祀的主要對象，並由此逐步擴充而發展出各種禮儀制度，故將之歸為「禮之三本」。然則祭祀的作用為何？荀子闡述道：

> 祭者志意思慕之情也。愅詭唈僾而不能無時至焉。故

---

> 人之歡欣和合之時，則夫忠臣孝子亦怵詭而有所至
> 矣，彼其所至者甚大動也。案屈然已，則其於志意之
> 情者惆然不嗛，其於禮節者闕然不具。故先王案為之
> 立文，尊尊、親親之義至矣。[40]

基於百姓對祭祀的對象懷抱著思念崇慕之情，為了讓他們的
感情有所寄託，以表達尊崇君長、親愛父祖的情意，因而有
祭禮的設立。其義，有如《禮記·祭義》所載孔子答復宰我
之言曰：

> 明命鬼神以為黔首則，百眾以服，萬明以服。聖人以
> 為未足也，築為宮室，設為宗祧，以別親疏遠邇，教
> 民反古復始，不忘其所由生也。眾之服自此，故聽且
> 速也。[41]

將此祭祀的對象稱為鬼神，供奉在宗廟中，並依關係的親疏
遠近，分別以輕重不同的禮儀祭祀，來教導百姓「反古復始，
不忘其所由生」。

　　所謂「反古復始」，意指能追念始源，不忘其所自出，寓
有飲水思源、感恩圖報的心意。如此則可以使民心淳厚，對
尊長誠心歸附，而推行教化也能因而受到百姓的聽從而快速
收效。

---

40 楊倞注，王先謙集解《荀子集解·禮論篇》，同注 1，頁 249-250。
41 鄭玄注，孔穎達疏《禮記正義·祭義》，台北：藝文印書館影印嘉慶二十
　　年江西南昌府學開雕《重刊宋本禮記注疏附校勘記》，1955 年，頁 814。

## (二)寄寓人文

祭祀的另一大作用乃在於透過儀式的文飾功效，使其不致於簡陋粗鄙，而能顯現莊嚴隆重的一面，以寄託人文思想，[42]故荀子又曰：

> 祭者志意思慕之情也，忠信愛敬之至矣，禮節文貌之盛矣，苟非聖人莫之能知也。聖人明知之，士君子安行之，官人以為守，百姓以成俗。其在君子，以為人道也，其在百姓，以為鬼事也。[43]

因此荀子雖然認為天是無識無知，並無意志，也不可能降吉凶禍福於人，但他認為如果遭遇天有異象，或人事上有疑難大事亟待解決之時，仍然可以透過類似宗教的儀式來撫慰民心，此即所謂「文」，也就是「人道」。其實就是將人道的關懷寄寓於儀式當中，故荀子又稱：

> 雩而雨，何也？曰：無何也，猶不雩而雨也。日月食而救之，天旱而雩，卜筮然後決大事，非以為得求也，以文之也。故君子以為文，而百姓以為神。以為文則

---

42　此所謂文飾的「文」，類似《論語・雍也》所載：「子曰：『質勝文則野，文勝質則史。文質彬彬，然後君子。』句中「文」，指經人為的修飾以去除鄙陋而進於優雅。

43　楊倞注，王先謙集解《荀子集解・禮論篇》，同注 1，頁 250。

吉，以為神則凶也。[44]

　　舉行祈雨的雩祭，與不舉行祈雨的雩祭，同樣都下了雨，可見下雨不下雨與是否舉行雩祭無關。但發生日蝕、月蝕之時，民心難免惶恐；久旱不雨而農作遭殃，民情難免惶急；國有大事而議論擾攘，民意難免紛歧。則敲鑼打鼓以救日月之蝕，舉行雩祭以求降雨，透過卜筮來輔助決策，其實並非是為了趨吉避禍，而是可以產生安定民心，使社會趨於穩定的大作用在。

　　類似上述的作法，雖然是「其在百姓，以為鬼事也」、「百姓以為神」，然而「其在君子，以為人道也」、「君子以為文」，亦即君子可以透過百姓信奉鬼神的心理，採取「神道設教」[45]的方式，透過祭祀天地、先祖、君師，來表達感恩報德之心，進而發展出各種禮儀，以移風易俗，治國理民，達成人文化成的目標。

# 五、結　語

　　荀子思想有三個重點：一為性論，認為如依人的情性自

---

44　楊倞注，王先謙集解《荀子集解・天論篇》，同注 1，頁 211。
45　「神道設教」語出《易經・觀卦・彖曰》：「觀天之神道而四時不忒，聖人以神道設教而天下服矣。」本指順應四時的自然變化，效法天道運行的神妙，教化百姓，使天下人順服。後指假借鬼神福善禍淫或因果相因之說，以警惕勸喻世人。此取後者之義。

然發展而不加約束,即會流於惡,因而主張性惡。二為禮論,強調為了節制情性之流於惡,必須制訂禮法,透過教化,以維持群體的秩序。三為天論,指出上天有其自然運行的規律,不會因人事的得當與否而改變,並對人施加賞罰。其所提「禮之三本」說與此三個思想重點,有相當密切的關聯。

就性論與禮論而言,因人的情性容易流於惡,所以必須化性起偽,透過後天的教化,來導正情性使歸於善,如此才能使社會國家達到治平的地步,凡此都有賴於君師的施政布教,故強調「君師者,治之本也」。在天論方面,認為天人有別,人間的禍福與天道的運行無關,因此只要在人事上努力即可,並沒有必要為了趨吉避凶而向天祈求。但仍肯定上天有生養人的功勞,所以一方面認定「天地者,生之本也」,另方面更要順應天地的變化,掌握天時、地利,而在人事上努力。有關「先祖者,類之本也」,荀子雖較少論述,但也明白指出喪葬之禮的制定,乃是以天道運行一年一個循環為基準,或增隆或減殺,使人際關係有貴賤之別、親疏之分,兼顧事理、人情以維繫家人間的各種關係,而使整個家族不斷繁衍下去。

自從荀子提出「禮之三本」之說以後,就結果而言,本文前言所述在傳統社會中,有許多人家供奉了「天地君親師」的牌位,並且按歲時祭祀,可見其影響的深遠。時至今日,雖然已少有人家仍然供奉牌位,舉行祭祀,但「禮之三本」所具有的作用,包括報本反始、寄寓人文的精神仍然值得我們認取。既要感念天地的生養之德,而以維護天地自然為念,

做好環境保育工作。也要感念祖先蓽路藍縷，以啟山林的辛勤，在慎終追遠之餘，還應承先啟後，為子孫奠定愈加美好生活的基礎。更要感念國家[46]及師長的教養栽培之恩，於有所成就後，盡己所能以服務人群，回饋社會。如此才是我們認取荀子所提「禮之三本」的正確途徑。

　　　　　　——原發表於 2019 年 11 月北京「紀念孔子誕辰
　　　　　　2570 年國際學術研討會」

---

46 「天地君親師」的牌位，於民國成立以後，有一些人家為順應帝制已被推翻，將之改為「天地國親師」，亦即以國家替代君王。

# 伍、北學的異軍 —— 鄒衍「五德終始」說、「大九州」說及其對吾人的啟示

## 一、緒　言

　　梁啟超在其《中國學術思想變遷之大勢》中，將先秦學派分為南北兩派，並且歸納出十一點兩派大體的差別，其第一點為「北派崇實際」、「南派崇虛想」。[1]按陰陽家的代表人物鄒衍為齊人，在地域上歸屬北派，其思想當然有依照實際生活經驗發展出來的成分；但因齊地靠海，海濱之人常有遐想，所以也有在現實之外又發揮想像的部分，也就是說帶有南派的色彩；因而可謂為北派的異軍。

　　鄒衍雖然是陰陽家的代表人物，可是在戰國晚期的《荀子・非十二子篇》及《韓非子・顯學篇》都沒有提到他，可

---

1　梁啟超著《中國學術思想變遷之大勢・全盛時代第二節論諸家之派別》，台北：南嶽出版社《梁啟超學術論叢通論類（二）》，1978 年 3 月初版，頁 706。

見陰陽家在當時並非顯學。然而到了秦朝《呂氏春秋‧有始覽‧應同》中，雖未明言，但所敘即為鄒衍「五德終始」說的大旨；及至西漢司馬談〈論六家要旨〉，更將陰陽家列於六家之首。從此以後，歷經漢唐各朝以至到近代，影響所及，層面愈來愈廣泛，程度也愈來愈深入，故齊思和評論道：

> 吾國學術思想，受五行說之支配最深，大而政治、宗教、天文、輿地，細而堪輿、占卜，以至醫藥、戰陣，莫不以五行說為之骨幹。士大夫之所思維，常人之所信仰，莫能出乎五行說範圍之外。[2]

屈萬里也說：

> 二千多年以來，我國的政治、學術，乃至於民間習俗，幾乎都受到了陰陽五行之說的影響。受影響最重的，雖然莫過於漢代；但到了二十世紀科學昌明的今天，我國民間的許多習俗，依然還受著它的支配。其勢力之大，幾乎可以和儒家的學說，分庭抗禮。[3]

鄺芷人更說：

> 陰陽五行的思想對中國學術傳統所產生的影響，是沒

---

2 齊思和著《中國史探研‧五行說之起源》，石家莊：河北教育出版社，2002年1月第1版第1刷，頁366。
3 李漢三著《先秦兩漢之陰陽五行學說‧屈（萬里）序》，台北：鐘鼎文化出版公司，1967年5月出版，頁1。

有其他思想體系能夠匹敵的。[4]

　　從士大夫到常人，其思想或信仰，皆莫能出乎其外；從幾乎可以和儒家分庭抗禮，到沒有其他思想體系能相匹敵；由是可見其影響之深廣。

　　或許是有鑑於一開始並非顯學，但後來卻逐漸產生鉅大影響，所以司馬遷撰作《史記》時，對鄒衍雖然不是特別看重，然而也不敢輕忽，遂出現了一個極為特殊的現象。一方面是並不為鄒衍單獨立傳，而僅附見於〈孟子荀卿列傳〉中；另方面則紹述鄒衍的篇幅竟然超過孟子、荀子的總和。[5]所幸司馬遷如此費了較多的篇幅介紹鄒衍，我們今天才能有所依據，並參稽其他著作，掌握到鄒衍思想的大略。

　　根據《史記》的記載，鄒衍已將陰陽與五行合而論之，以形成自己的思想。其思想主要有兩點：一為「五德終始」說，二為「大九州」說。此兩說的內涵與反響究竟為何？對我們今天有何啟示意義？凡此皆為本文探討的重點。

# 二、「五德終始」說的內涵及反響

## （一）「五德終始」說的內涵

　　《史記・孟子荀卿列傳》於介紹鄒衍的「五德終始」說

---

4　鄺芷人著《陰陽五行及其體系・緒論》，台北：文津出版社，2003 年 7 月增訂 2 版 2 刷，頁 1。

5　計《史記・孟子荀卿列傳》所載孟子事蹟將近 140 字，荀子事蹟將近 200 字，但鄒衍事蹟將近 400 字，超過前兩者之總和。

時，只概略描述如下：

> （鄒衍）乃深觀陰陽消息，而作怪迂之變，《終始》、
> 《太聖》之篇十餘萬言。其語閎大不經，必先驗小物，
> 推而大之，至於無垠。先序今以上至黃帝，學者所共
> 術，大並世盛衰，因載其禨祥度制，推而遠之，至天
> 地未生，窈冥不可考而原也。先列中國名山大川，通
> 谷禽獸，水土所殖，物類所珍，因而推之及海外，人
> 之所不能睹。稱引天地剖判以來，五德轉移，治各有
> 宜，而符應若茲。[6]

所謂「陰陽消息」所指為何？「五德」究竟是什麼？又如何
「轉移」？還有怎麼「符應若茲」？可以說是語焉不詳，很
難令人理解。所幸司馬遷撰作《史記》常運用「互見」[7]筆法
以寄意，原來比較清楚的說法載於《史記·封禪書》：

> 秦始皇既并天下而帝，或曰：「黃帝得土德，黃龍、
> 地螾見。夏得木德，青龍止於郊，草木暢茂。殷得金
> 德，銀自山溢。周得火德，有赤烏之符。今秦變周，
> 水德之時。昔秦文公出獵，獲黑龍，此其水德之瑞。」

---

6 司馬遷撰，裴駰集解，司馬貞索隱，張守節正義《史記·孟子荀卿列傳》，
　台北：藝文印書館據清乾隆武英殿刊本景印，1958 年，頁 939。
7 《史記》常用手法之一，將某一人物的事迹分散於不同地方，而以其本傳
　為主；或將某一事件分散於不同地方，而以較重要地方的敘述為主。如在
　〈項羽本紀〉中極力描述項羽的驍勇善戰，但其性格的弱點及軍事上策略
　的錯誤，則散見於〈高祖本紀〉、〈陳丞相世家〉、〈淮陰侯列傳〉等篇中。
　如此既可突出人物或事件，使其印象鮮明；又可節省篇幅，避免重複敘述
　而拖沓。

於是秦更命河曰『德水』，以冬十月為年首，色上黑，度以六為名，音上大呂，事統上法。」[8]

「或曰」以下所述，其實本自於《呂氏春秋，有始覽・應同》，其文為：

凡帝王者之將興也，天必先見祥乎下民。黃帝之時，天先見大螾、大螻，黃帝曰：「土氣勝。」土氣勝，故其色尚黃，其事則土。及禹之時，天先見草木秋冬不殺，禹曰：「木氣勝。」木氣勝，故其色尚青，其事則木。及湯之時，天先見金刃生於水，湯曰「金氣勝。」金氣勝，故其色尚白，其事則金。及文王之時，天先見火，赤烏銜丹書集於周社，文王曰：「火氣勝。」火氣勝，故其色尚赤，其事則火。代火者必將水，天且先見水氣勝，水氣勝，故其色尚黑，其事則水。水氣至而不知數備，將徙於土。[9]

綜合《呂氏春秋・有始覽・應同》，與《史記・封禪書》所述，共有兩點頗值得我們注意：

第一點為所謂五德及其轉移的情形為土德（黃帝）→木德(夏禹)→金德(商湯)→火德(周文王)→水德(秦)。可見前者

---

8 司馬遷撰，裴駰集解，司馬貞索隱，張守節正義《史記・封禪書》，同6，頁540。

9 高誘注，畢沅校《呂氏春秋・有始覽・應同》，台北：世界書局《新編諸子集成》第七冊，1972年10月新1版，頁126-127。

消亡則後者生息，如陰陽二氣之迭代。如此遂將五行之德的轉移與陰陽的消亡生息結合為一，而後一朝代的更替前一朝代，係以五行相剋、終而復始的形式出現。所謂「陰陽消息」、「五德轉移」者即指此而言。

第二點為五德轉移時，亦即朝代更迭之際，必有祥瑞出現，如黃帝時「天先見大螾、大螻」、「黃龍、地螾見」；禹之時「天先見草木秋冬不殺」、「青龍止於郊，草木暢茂」；湯之時「天先見金刃生於水」、「銀自山溢」；文王之時「天先見火，赤烏銜丹書集于周社」、「有赤烏之符」；及至秦變周之時「天且先見水氣勝」、「秦文公出獵，獲黑龍」。為配合此等祥瑞，所以服色、制度都必須相應調整。凡若此等，皆屬《史記·孟子荀卿列傳》所云「序今以上至黃帝，學者所共術，大並世盛衰，因載其禨祥度制」、「五德轉移，治各有宜，而符應若茲」。所謂「符應若茲」者即指此而言。

不過必須注重的是：某德雖至，亦即氣數已經具備，卻不知採取相應措施，則將被剋己之德取代，如《呂氏春秋·有始覽·應同》所云「水氣至而不知數備，將徙於土」，即水德會被剋己的土德取而代之。如此終而復始，五行之德不斷循環，故其說被稱為「五德終始」。

## （二）「五德終始」說的反響

依前所述「五德終始」說值得注意的第一點，某一朝代的德會被足以勝過該朝代的德取而代之而興起。這種說法很適合建立新朝代的需求，因而鄒衍的「五德終始」說很快的就獲得秦始皇的接納，故《史記·封禪書》云：

> 自齊威、宣之時，鄒子之徒論著終始五德之運，及秦
> 帝而齊人奏之，故始皇采用之。[10]

　　其採納運用的情況，《史記》之〈秦始皇本紀〉及〈歷書〉，
有較詳細的記載，〈秦始皇本紀〉云：

> 始皇推終始五德之傳，以為周得火德，秦代周德，從
> 所不勝。方今水德之始，改年始，朝賀皆自十月朔。
> 衣服旄旌節旗皆上黑。數以六為紀，符、法冠皆六寸，
> 而輿六尺，六尺為步，乘六馬。更名河曰「德水」，
> 以為水德之始。剛毅戾深，事皆決於法，刻削毋仁恩
> 和義，然後合五德之數。於是急法，久者不赦。[11]

〈歷書〉云：

> 戰國並爭，在於彊國禽敵，救急解紛而已，……是時
> 獨有鄒衍，明於五德之傳，而散消息之分，以顯諸侯。
> 而亦因秦滅六國，兵戎極煩，又升至尊之日淺，未暇
> 遑也。而亦頗推五勝，而自以為獲水德之瑞，更名河
> 曰「德水」，而正以十月，色上黑。然歷度閏餘，未

---

10 司馬遷撰，裴駰集解，司馬貞索隱，張守節正義《史記·封禪書》，同 6，
　頁 541。
11 司馬遷撰，裴駰集解，司馬貞索隱，張守節正義《史記·秦始皇本紀》，
　同 6，頁 120。

能睹其真也。[12]

　　皆以為秦取代周之火德，水剋火，故為水德。為配合水德，舉凡曆法之以十月為歲首、服色等皆尚黑、數字以六為紀，以至於治理的原則取決於法等，皆有所規定。

　　「五德終始」說提供了建立新王朝的理論依據，因而在秦朝滅亡以後，代之而起的漢朝一開始也頗樂於採行，但是因為對於漢朝究竟合於哪一德，看法不同，有認為漢當水德者，有認為漢當土德者，也有認為漢當其他德者，爭論不決，且迭加改定，[13]「五德終始」說的影響遂漸告式微。

　　再依前述「五德終始」說值得注意的第二點而言，新王朝要取代己德所剋的舊王朝之前，上天必先降生祥瑞。這種說法逐漸發展為有祥瑞，也有災異的天人感應學說，以「治《公羊春秋》，始推陰陽為儒者宗」[14]的董仲舒即為其代表人物，他在其〈天人三策〉中的第一策中說：

　　　春秋之中，視前世已行之事，以觀天人相與之際，甚可畏也。國家將有失道之敗，而天迺先出災害以譴告之；不知自省，又出怪異以警懼之；尚不知變，而傷敗迺至。以此見天心之仁愛人君，而欲止其亂也。自非大亡道之世者，天盡欲扶持而全安之，事在彊勉而

---

12 司馬遷撰，裴駰集解，司馬貞索隱，張守節正義《史記・歷書》，同 6，頁 498。
13 其詳可參考李漢三著《先秦兩漢之陰陽五行學說・第三編：陰陽五行對於兩漢政治的影響・二、五德終始說與兩漢政治》，同 3，頁 108-131。
14 班固撰，顏師古注，王先謙補注《漢書・五行志》，台北：藝文印書館影印光緒庚子春日長沙王氏校刊本，1958 年，頁 600。

> 已矣。……故治亂廢興在於己，非天降命，不可得
> 反。……天之所大奉使之王者，必有非人力所能致而
> 自至者，此受命之符也。天下之人同心歸之，若歸父
> 母，故天瑞應誠而至。《書》曰：「白魚入于王舟，有
> 火復于王屋，流為烏。」此蓋受命之符也。周公曰：
> 「復哉！復哉！」孔子曰：「德不孤，必有鄰」，皆積
> 善累德之效也。及至後世，淫佚衰微，不能統理群生，
> 諸侯背畔，殘賊良民，以爭壤土，廢德教而任刑罰，
> 刑罰不中則生邪氣，邪氣積於下，怨惡畜於上，上下
> 不和，則陰陽繆盭而妖孽生矣，此災異所緣而起也。[15]

細審其內容，所重已由祥瑞轉為災異，意在警誡人君必須「積
善累德」，而不能「淫佚衰微」，否則就會產生災異而導致傷
敗。

　　此天人感應之說影響所及，如有災異出現，始則皇帝下
詔罪己，後來演變為皇帝將罪責歸於大臣，故丞相常引咎自
殺；而眾臣僚也每每藉此機會上書言得失，甚至以此挑起政
爭。類此之事，終兩漢之世，可謂史不絕書。

## 三、「大九州」說的內涵及反響

### （一）「大九州」說的內涵

　　相較於「五德終始」說，司馬遷對「大九州」說的介紹

---

15 班固撰，顏師古注，王先謙補注《漢書・董仲舒傳》，同 14，頁 1164。

顯得直接而明白多了，其言曰：

> （鄒衍）以為儒者所謂中國者，於天下乃八十一分居
> 其一分耳。中國名曰赤縣神州。赤縣神州內自有九州，
> 禹之序九州是也，不得為州數。中國外如赤縣神州者
> 九，乃所謂九州也。於是有裨海環之，人民禽獸莫能
> 相通者，如一區中者，乃為一州。如此者九，乃有大
> 瀛海環其外，天地之際焉。[16]

認為儒者所說的中國，名為赤縣神州，赤縣神州內的九州只
是〈禹貢〉所稱的九州，並不能算是九個州。中國以外像赤
縣神州的州總共有九個（所以中國只是其中的九分之一），周
圍有裨海環繞(相對於以下所述「瀛海」，乃是小海，其實已
經是大海，只是較瀛海為小而已)，像被裨海環繞的九州總共
又有九個，再被瀛海環繞(所以中國乃是九分之一中的九分之
一，故說「於天下乃八十一分居其一分耳」)，這才是天地的
邊際。

　　上述說法，《鹽鐵論・論鄒》及《論衡・談天》皆有所引
述，所講與《史記・孟子荀卿列傳》極為接近。

　　按鄒衍為齊人，齊國濱海，海上散布大小不等的島嶼，
隨著天候的變化、潮汐的漲落，這些島嶼遠望過去，或浮或
沉，忽大忽小，有時甚至還會出現海市蜃樓的現象，讓人以
為海外另有天地。在此情況之下，難免激發其想像，因而採

---

16 司馬遷撰，裴駰集解，司馬貞索隱，張守節正義《史記・孟子荀卿列傳》，
　　同 6，頁 939。

用如《史記·孟子荀卿列傳》所述「先驗小物，推而大之，至於無垠」的推論方式，在事實的基礎上，發揮其豐富的想像力，因而提出此「大九州」之說。

## （二）「大九州」說的反響

由於中國基本上是一個內陸國家，民族性比較趨於務實，甚至於有些保守，因而對鄒衍的「大九州」說不僅難以接受，甚至於認為十分怪異而加以排斥，即以曾遊歷各地名山大川，見識頗為廣博的司馬遷而言，也不免說「（鄒衍）乃深觀陰陽消息，而作怪迂之變……其語閎大不經，……王公大人初見其術，懼然顧化。」[17]所謂「怪迂」、「閎大不經」、「懼然顧化」，可以說主要是針對「大九州」之說而言。

桓寬所編《鹽鐵論·論鄒》中，雖然引用了「大夫」之言，推測鄒衍創立「大九州」之說的動機是：

> 鄒子疾晚世之儒、墨，不知天地之弘，昭曠之道，將一曲而欲道九折，守一隅而欲知萬方，猶無準平而欲知高下，無規矩而欲知方圓也。於是推《大聖》、《終始》之運，以喻王公列士。中國名山通谷，以至海外，所謂中國者，天下八十分之一，名曰赤縣神州，而分為九州。絕陵陸不通，乃為一州，有大瀛海圜其外。此所謂八極，而天地際焉。〈禹貢〉亦著山川高下原隰，而不知大道之逕。故秦欲達九州而方瀛海，牧胡

---

17 司馬遷撰，裴駰集解，司馬貞索隱，張守節正義《史記·孟子荀卿列傳》，同 6，頁 939–940。

而朝萬國。諸生守畦畝之慮，閭巷之固，未知天下之
義也。[18]

認為鄒衍意欲以恢宏壯闊的「大九州」說，打破王公列
士「將一曲」、「守一隅」的孤陋保守心態。表面上看來，似
乎頗能探知鄒衍的苦心，其實卻是持兩可的態度，並非完全
贊同其見解，因為他緊接著又引用了「文學」之說，曰：

堯使禹為司空，平水土，隨山刊木，定高下而序九州。
鄒衍非聖人，作怪誤，惑六國之君以納其說，此《春
秋》所謂「匹夫熒惑諸侯」者也。孔子曰：「未能事
人，焉能事鬼神？」近者不達，焉能知瀛海？故無補
於用者，君子不為；無益於治者，君子不由。三王信
經道，而德光於四海；戰國信嘉言，破亡而泥山；秦
始皇已吞天下，欲并萬國，亡其三十六郡，欲達瀛海
而失其州縣。知大義如斯，不如守小計也。[19]

所採取的顯然是不以為然的嘲諷態度。

到了以「疾虛妄」為其著述宗旨的王充，在《論衡·談
天篇》中，就很直接了當的批評鄒衍的「大九州」說，其言
曰：

---

18 桓寬撰《鹽鐵論·論鄒》，台北：世界書局《新編諸子集成》第二冊，1972
年10月新1版，頁54。張敦仁《鹽鐵論考證》云：「天下八十分之一，
按『十』下脫『一』字。」頁74。

19 桓寬撰《鹽鐵論·論鄒》，同18，頁54。張敦仁《鹽鐵論考證》云：「作
怪誤，按『誤』當作『迂』，《史記》所謂『作怪迂之變』者也。」頁74。

鄒衍之書，言「天下有九州，〈禹貢〉之土所謂九州
也。〈禹貢〉九州，所謂一州也。若〈禹貢〉以上者
九焉。〈禹貢〉九州，方今天下九州也，在東南隅，
名曰赤縣神州。復更有八州，每一州者四海環之，名
曰裨海。九州之外，更有瀛海。」此言詭異，聞者驚
駭，然亦不能實然否？相隨觀讀諷述以談，故虛實之
事，並傳世間，真偽不別也。世人惑焉，是以難論。
案鄒子之知不過禹，禹之治洪水，以益為佐。禹主治
水，益之記物，極天之廣，窮地之長，辨四海之外，
竟四山之表，三十五國之地，鳥獸草木，金石水土，
莫不畢載，不言復有九州。淮南王劉安召術士伍被、
左吳之輩，充滿宮殿，作道術之書，論天下之事。〈地
形〉之篇，道異類之物，外國之怪，列三十五國之異，
不言更有九州。鄒子行地不若禹、益，聞見不過被、
吳，才非聖人，事非天授，安得此言？案禹之〈山經〉，
淮南之〈地形〉，以察鄒子之書，虛妄之言也。[20]

對鄒衍此說，分別以「此言詭異」、「虛妄之言也」評之。此
外，又在《論衡・難歲篇》中評論其說為「此言殆虛」，曰：

鄒衍論之，以為「九州之內五千里，竟合為一州在東，
東位名曰赤縣（神）州，自有九州者九焉，九九八十

---

20 王充撰《論衡・談天篇》，台北：世界書局《新編諸子集成》第七冊，1972
　年10月新1版，頁106。

一，凡八十一州。」此言殆虛。[21]

「大九州」說既然迭遭質疑，當然也就不為人所相信。除了後來秦漢之際的燕齊方士可能受其啟發，而有到海外求仙丹靈藥之舉，卻無效驗以外，[22]對當時以及後世並未能發揮大的影響，此實至為可惜之事。

## 四、鄒衍思想對吾人的啟示

我們如能了解鄒衍「五德終始」說、「大九州」說的內涵，並掌握其所產生的反響，對我們應可提供下列四點啟示。
（一）就鄒衍提出其思想的動機而言，《史記·孟子荀卿列傳》曾說：

> 鄒衍睹有國者益淫侈，不能尚德，若大雅整之於身，施及黎庶矣。乃深觀陰陽消息而作怪迂之變，《終始》、《大聖》之篇十餘萬言。[23]

緊接著於介紹其「五德終始」說與「大九州」說以後，

---

21 王充撰《論衡·難歲篇》，同 20，頁 241。
22 司馬遷撰，裴駰集解，司馬貞索隱，張守節正義《史記·封禪書》：「鄒衍以陰陽主運顯於諸侯，而燕齊海上之方士傳其術，不能通，然則怪迂阿諛苟合之徒自此興，不可勝數也。」同 6，頁 541-542。
23 司馬遷撰，裴駰集解，司馬貞索隱，張守節正義《史記·孟子荀卿列傳》，同 6，頁 939。

又歸結道：

> 然要其歸，必止乎仁義節儉，君臣上下六親之施，始
> 也濫耳。[24]

　　雖然指出鄒衍之說乃「怪迂之變」、「始也濫耳」，但仍肯定其說仍歸本於「止乎仁義節儉，君臣上下六親之施」等教化之事，期望有裨於倫理而施及平民百姓，故呂思勉說：

> 鄒子之學，謂其騖心閎遠可，謂其徒騖心于閎遠，則
> 不可也。[25]

隨即又說：

> 鄒子之學，非徒窮理，其意亦欲以致治也。[26]

雖「騖心閎遠」，但「欲以致治」，可謂深明鄒衍創立其說的苦心曲為。

　　綜合所論，可見對鄒衍的理解及評價，最主要的是應立足於其立意之所在，此對於我們發言立論是否出於公心，亦即所抱持者是否為良善的動機，應有所啟示。

---

24 司馬遷撰，裴駰集解，司馬貞索隱，張守節正義《史記·孟子荀卿列傳》，同 6，頁 939。
25 呂思勉著《先秦學術概論·第九章陰陽數術》，上海：東方出版中心，2008年 1 月第 2 版第 1 刷，頁 101。
26 呂思勉著《先秦學術概論·第九章陰陽數術》，同 25，頁 101。

（二）就「五德終始」說所指五德的轉移，係以五德相剋的形式出現，亦即某一德之德衰微以後，足以剋除其德的另一德將會取代該德，可見新起之德乃為解救前一德之衰敝而起，其中實寓有振衰起疲、補偏救弊的意蘊在。按《史記·高祖本紀》之「太史公曰」，曾述及夏、商、周三代文質救濟之道，說：

> 夏之政忠，忠之敝小人以野，故殷人承之以敬：敬之敝小人以鬼，故周人承之以文；文之敝小人以僿，故救僿莫若以忠。三王之道若循環，終而復始。[27]

所謂「三王之道若循環，終而復始」，用以形容「五德終始」說可謂極為適切，是故《漢書·嚴安傳》即引用鄒衍之言而申論道：

> 臣聞鄒衍曰：「政教文質者，所以云救也，當時則用，過則舍之，有易則易也。」故守一而不變者，未睹治之至也。[28]

明言所引者乃鄒衍之言，可見其說實寓有知所變通以推陳出新之意在，頗值得我們執行各種措施時所宜特別注重。

---

27 司馬遷撰，裴駰集解，司馬貞索隱，張守節正義《史記·高祖本紀》，同6，頁180。
28 班固撰，顏師古注，王先謙補注《漢書·嚴朱吾丘主父徐嚴終王賈傳》，同14，頁1283。

　　（三）就《史記‧孟子荀卿列傳》紹述鄒衍思想時所說「載其禨祥度制」、「而符應若茲」所涉及的祥瑞問題，據《呂氏春秋‧有始覽‧應同》所載：「凡帝王者之將興也，天必先見祥乎下民。黃帝之時，天先見大螾、大螻，⋯⋯及禹之時，天先見草木秋冬不殺。⋯⋯及湯之時，天先見金刃生於水，⋯⋯及文王之時，天先見火，赤烏銜丹書集於周社。」[29]配合《史記‧封禪書》所云：「今秦變周，水德之時。昔秦文公出獵，獲黑龍，此其水德之瑞。」[30]然則所謂「天先見大螾、大螻」、「天先見草木秋冬不殺」、「天先見金刃生於水」、「天先見火，赤烏銜丹書集於周社」、「出獵，獲黑龍」，凡若此等現象，是否即為祥瑞，實難斷言。

　　再以後來受「五德終始」說影響至鉅的董仲舒〈天人三策〉第一策所言：「春秋之中，視前世已行之事，以觀天人相與之際，甚可畏也。國家將有失道之敗，而天乃先出災害以譴告之；不知自省，又出怪異以警懼之，尚不知變，而傷敗乃至。」[31]配合而觀之，則不論「國家將有失道之敗」、「不知自省」，天所出的「災害」、「怪異」，或「帝王之將興也」，天必先見的「祥瑞」，皆已顯現天道與人事之間必然有某種極為密切的聯結，亦即已經有了天人實屬一體的觀念。

　　當然所謂「祥瑞」或「災異」應如何認定，猶大有待斟酌，但對我們而言，則可由此而注意到天道與人事的關係，

---

29　高誘注，畢沅校《呂氏春秋‧有始覽‧應同》，同9，頁126-127。

30　司馬遷撰，裴駰集解，司馬貞索隱，張守節正義《史記‧封禪書》，同6，頁540。

31　班固撰，顏師古注，王先謙補注《漢書‧董仲舒傳》，同14，頁1164。

亦即充分了解人的所作所為將深切影響大自然的運行。因而各種興革造作都必須嚴格審慎為之，以免破壞生態，如此才能維持大自然的正常運行，以避免因失衡而危害到人類的生存及發展。

（四）就鄒衍的「大九州」之說而言，固然有想像的成分，但也並非毫無事實的依據，其中有些說法，在今天看來，已獲得證實，如中國只是天下的一小部分而已、所有陸地皆被海洋圍繞、大片陸地之間的人民及禽獸本來並不能相通等皆是。

誠如《鹽鐵論·論鄒》所引「大夫曰」所說：「鄒子疾晚世之儒、墨，不知天地之弘，昭曠之道，將一曲而欲道九折，守一隅而欲知萬方，猶無準平而欲知高下，無規矩而欲知方圓也。」[32]還有《史記·孟子荀卿列傳》所載：「（鄒衍）以為儒者所謂中國者，於天下乃八十一分居其一分耳。」[33]能有此認識，則能打破自古以來國人所抱持「中國即天下」的閉塞看法，也可以消除「唯我獨尊」，不知天外有天的保守心態。此對於全球各地區往來頻繁、互動密切的現代，培養世界觀，打破孤陋、狹隘的成見，擴大我們的胸襟、眼光，必當有極大的助益。

---

32 桓寬撰《鹽鐵論·論鄒》，同 18，頁 54。

33 司馬遷撰，裴駰集解，司馬貞索隱，張守節正義《史記·孟子荀卿列傳》，同 6，頁 939。

# 五、餘　論

　　根據《漢書‧藝文志‧諸子略》所載，鄒衍著有《鄒子》49 篇、《鄒子終始》56 篇，可惜皆早已亡佚，清人馬國翰所輯僅一卷 10 則而已，[34]無法考見其說的全貌。所幸《呂氏春秋》、《史記》皆引述其說，但所引有限，僅知其「五德終始」說、「大九州」說的大略。此兩說因尚有其依據，故本文論述之如上，其餘雖有學者論說，但因缺乏可靠憑據，故為本文所不論。

　　前已言之，在鄒衍提出其說時，陰陽家並非顯學，其著作之亡佚應與此有關。及至秦漢之時，其「五德終始」說的第一點，即某一朝代德衰以後，將會被另一個足以剋之的另一個朝代汰除，僅短時期為秦朝採從，到西漢以後已漸失其影響。而由第二點發展而出的祥瑞、災異觀，雖然對兩漢政局影響甚鉅，但其後也逐漸趨於式微。

　　頗值得我們注意的是，依《呂氏春秋‧有始覽‧尚同》所載，所謂「土氣勝，故其色尚黃」、「木氣勝，故其色尚青」、「金氣勝，故其色尚白」、「火氣勝，故其色尚赤」、「水氣勝，故其色尚黑」，五行已與五色相配應，其後逐漸發展為與五味、五臟、四季、四方……幾乎與天地人事間的各種事物無所不配。其中固然有合理的成分，但也不免有勉強湊合之處。

　　如上所述，秦漢以後，陰陽五行已大受重視而產生深遠

---

34 見馬國翰輯《玉函山房輯佚書（五）》，台北：文海出版社影印同治十年辛未濟南皇華館書局補刻本，1967 年 6 月台初版，頁 2828-2829。

的影響。據《漢書‧藝文志‧諸子略》所載，陰陽家共 21
家 369 篇，僅次於儒家 53 家 836 篇、道家 37 家 993 篇。但
陰陽五行牽連所及，如納入〈兵書略〉陰陽 16 家 249 篇，〈數
術略〉五行 31 家 652 篇。合計共有 68 家 1270 篇，遠遠超過
其他家，而這些只是先秦以迄西漢之著作，東漢以下以迄明
清以降，其數當數千萬倍於前。故本文前言所引屈萬里謂「幾
乎可以和儒家的學說，分庭抗禮」，鄺芷人稱「所產生的影響，
是沒有其他思想體系能夠匹敵的」，絕非虛言。但其中絕大部
分皆非鄒衍思想的本來面目，不宜逕視為其學說，此為我們
探討其「五德終始」說、「大九州」的內容、反響，及對我們
的啟示時，所當注意及之。

——原發表於《北學研究》第 1 輯，中國社會科
學出版社 2021 年 5 月

# 陸、韓非子「二柄」的運用及其評價

《韓非子·二柄》：「明主之所導制其臣者，二柄而已矣。二柄者，刑、德也。何謂刑、德？曰：殺戮之謂刑，慶賞之謂德。為人臣者，畏誅罰而利慶賞，故人主自用其刑、德，則群臣畏其威而歸其利矣。」[1]

## 一、前　言

根據《史記·商君列傳》的記載，法家前期代表人物商鞅於獲得秦孝公信任，推行變法政策後，唯恐人民不遵守法令，於是在首都南門樹立高三丈的木頭，出令說誰可以將此木頭搬到北門，即給予十金的獎賞。百姓覺得此法令頗怪異，因而沒有人敢去搬動。商鞅於是又下令說誰能將此木頭由南

---

1　本文所引《韓非子》文句，主要係根據梁啟雄著《韓子淺解》，北京：中華書局《新編諸子集成續編》；並以王先慎撰《韓非子集解》，台北：世界書局《新編諸子集成》，以及陳啟天著《韓非子校釋》，台北：中華叢書委員會《中華叢書》、陳奇猷校注《韓非子集釋》，台北：華正書局，等書參校而成。

門搬至北門,則會有五十金的重賞。有一個人抱著姑且一試的心理,把木頭搬到了北門,商鞅果真依承諾給予五十金的獎賞,以表明政府對法令是信守不渝的。此為「徙木示信」典故的由來。

過了一段時間,秦孝公的太子犯了法,商鞅認為法令之所以無法順利推行,乃在於上位者不遵守法令的緣故,打算依法處罰太子,但考慮到太子是君王的繼承人,於是轉而處罰太子的老師,此為「王子犯法,與庶民同罪」典故的由來。

從以上兩個典故,可以看出商鞅對於賞罰相當重視,並且加以貫徹,故能令行禁止,成效十分顯著:「行之十年,秦民大說,道不拾遺,山無盜賊,家給自足,民勇於公戰,怯於私鬥,鄉邑大治。」[2]

韓非為法家集大成的人物,對商鞅十分崇敬,而在《韓非子・二柄》中,除認同商鞅的貫徹賞罰以外,進而將代表殺戮與慶賞的刑、德稱為「二柄」,強調君王如能確實掌握「二柄」,則能樹立威名而收攬大利。

究竟韓非對其所看重的「二柄」是如何運用的?本文即根據《韓非子》的〈二柄〉及其他篇章所述,試加探討;並進而對其看法提出商榷,以供吾人今日推行法治的鑑戒。

---

2 司馬遷撰,裴駰集解,司馬貞索隱,張守節正義《史記・商君列傳》,台北:藝文印書館據清乾隆武英殿刊本影印,1958 年,頁 891。

# 二、韓非運用「二柄」之道

所謂「二柄」,《韓非子・二柄》開宗明義即曰:

> 明主之所導制其臣者,二柄而已矣。二柄者,刑、德
> 也。何謂刑、德?曰:殺戮之謂刑,慶賞之謂德。為
> 人臣者,畏誅罰而利慶賞,故人主自用其刑、德,則
> 群臣畏其威而歸其利矣。[3]

可見「二柄」即刑、德,也就是殺戮誅罰與慶賞,而此「二柄」是君主必須充分掌握的。君王究竟應該如何掌握運用,據韓非所言,可以分為下列三點:

## (一) 循名責實,信賞必罰

韓非認為君王想要控馭臣民,做到令行禁止,就必須運用形名術,即根據臣民的言論授與職事,再根據其是否達成職事應有的功效來定賞罰,也就是要審查核驗名實是否完全相符。言論與行事不符固然要處罰,言論誇大而功效甚微也要處罰,或者言論謙下但功效顯著仍然要處罰,一定要達到言行一致,其言曰:

---

3　梁啟雄著《韓子淺解・二柄》,北京:中華書局《新編諸子集成續編》,1960
　　年8月第1版,2011年3月北京第6次印刷,頁43。

> 人主將欲禁姦，則審合形名；形名者，言與事也。為
> 人臣者陳其言，君以其言授之事，專以其事責其功。
> 功當其事，事當其言則賞；功不當其事，事不當其言
> 則罰。故群臣其言大而功小者則罰，非罰小功也，罰
> 功不當名也。群臣其言小而功大者亦罰，非不說於大
> 功也，以為不當名也，害甚于有大功，故罰。[4]

類似之語，在《韓非子》各篇中頗多，如〈主道〉言：

> 符契之所合，賞罰之所生也。故群臣陳其言，君以其
> 言授其事，事以責其功。功當其事，事當其言則賞；
> 功不當其事，事不當其言則誅。[5]

又如〈難二〉言：

> 功當其言則賞，不當則誅。以形名收臣，以度量準下，
> 此不可釋也，君人者焉佚哉？[6]

其例尚多，此不具引。

除了要參合形名以定賞罰以外，更要確實貫徹賞罰，絕
對不容許任何偏差，如〈主道〉曰：

---

4 梁啟雄著《韓子淺解·二柄》，同 3，頁 44-45。
5 梁啟雄著《韓子淺解·主道》，同 3，頁 33。
6 梁啟雄著《韓子淺解·難二》，同 3，頁 364。

是故明君之行賞也，曖乎如時雨，百姓利其澤；其行
罰也，畏乎如雷霆，神聖不能解也。故明君無偷賞，
無赦罰；賞偷則功臣墮其業，赦罰則姦臣易為非。是
故誠有功則雖疏賤必賞，誠有過則雖近愛必誅。近愛
必誅，則疏賤者不怠，而近愛者不驕也。[7]

又如〈揚榷〉曰：

以賞者賞，以刑者刑。因其所為，各以自成。善惡必
及，孰敢不信；規矩既設，三隅乃列。[8]

另如〈外儲說左下〉曰：

故有術之主，信賞以盡能，必罰以禁邪，雖有駁行，
必得所利。[9]

類似之語亦多，此不具引。

　　基於此故，在〈內儲說上七術〉闡明「主之所用也七術」
中，前三者為「一曰眾端參觀，二曰必罰明威，三曰信賞盡
能」。[10]所謂「眾端參觀」，即對臣下之所言及所行，從眾多

7　梁啟雄著《韓子淺解·主道》，同 3，頁 33。
8　梁啟雄著《韓子淺解·揚榷》，同 3，頁 54。
9　梁啟雄著《韓子淺解·外儲說左下》，同 3，頁 293。
10　梁啟雄著《韓子淺解·內儲說上七術》，同 3，頁 226-277。

層面考察，以參驗審核名實是否相符而定賞罰，然後必罰信賞，來明君主之威，盡臣下之能。

### （二）刑重於德，操之在君

前述韓非以為「人主將欲禁姦，則審合形名」以定賞罰，可見其運用「二柄」的目標乃在於禁姦，因此在德、刑兩者之中更強調刑的重要，故在〈內儲說上七術〉所言的七術中，「二曰必罰明威」即列於「三曰信賞盡能」之上。而在〈飾邪〉中也明言令行禁止乃是人主的公義，曰：

> 明主之道，必明於公私之分，明法制，去私恩。夫令必行，禁必止，人主之公義也。[11]

最明顯的是在提出「二柄」之說時，稱「二柄者，刑、德也。何謂刑、德？曰：殺戮之謂刑，慶賞之謂德。」陳啟天《韓非子校釋》即據此申述道：

> 傳校云：「刑德二字，屢見於《左傳》，又見於《論語》，則是刑德二字為春秋時之習用語，而流傳於戰國者，故此用之以明賞罰。不過儒家言德刑，而法家言刑德，有先後之異耳。」[12]

---

11 梁啟雄著《韓子淺解·飾邪》，同 3，頁 137。
12 陳啟天著《韓非子校釋·二柄》，台北：中華叢書委員會，1958 年 1 月印行，頁 179。

先刑後德，刑重於德，其意可知。

按韓非子曾師事荀子，荀子雖然主張性惡，但認為可以透過後天人為（偽）的工夫，將性中之惡化除而轉為善，因此有「化性起偽」之說，明白指出「塗之人可以為禹」，如是則仍然肯定性中具有可以為善的因子。但韓非卻承其說而變本加厲，純就人的避害趨利之心言性，基本上是認定人性本惡，因此必須以嚴厲的手段控馭。

然則不論是刑還是德，既然是君王導制其臣的「二柄」，因此韓非認為絕對不容許旁分或下移到臣下手裡，故曰：

> 今人主非使賞罰之威利出於己也，聽其臣而行其賞罰，則一國之人皆畏其臣而易其君，歸其臣而去其君矣。此人主失刑德之患也。[13]

一但此權柄旁落於人臣之手，則君王必然會受到蒙蔽，無法察知隱微的事端，故在〈內儲說下六微〉中，將「權借」列為君王應該伺察的首要；曰：

> 六微：一曰權借在下，……此六者，主之所察也。經一權借　權勢不可以借人，上失其一，臣以為百。故臣得借則力多，力多則內外為用，內外為用則人主壅。

---

13　梁啟雄著《韓子淺解・二柄》，同3，頁43。

14

因此認為君王治國理政有八個法則,「因情」即列於第一,而於〈八經〉中言:

> 因情　凡治天下,必因人情。人情者有好惡,故賞罰可用,賞罰可用則禁令可立,而治道具矣。君執柄以處勢,故令行禁止。柄者,殺生之制也;勢者,勝眾之資也。廢置無度則權瀆,賞罰下共則威分。[15]

由是可知所應掌握的「二柄」一旦旁分或下移,其後果將使得君王的大權敗壞,威勢分散,嚴重影響到君王地位的穩固,故君王必須牢牢掌握此兩大權柄。

### （三）法術結合,鞏固君權

前述第一點中的「信賞必罰」,以及「第二點」中的「刑重於德」,皆屬於法的範疇。至於第一點中的「循名責實」以及第二點中的「(二柄)操之在君」則屬於術的運用。另外《韓非子‧二柄》中也強調君王不能輕易表露自己的愛憎,以免被臣下迎合利用,因而判斷錯誤,無法區別臣下的好壞,使賞罰失其準據,這也是術的運用。由是可見,韓非對於「二柄」的運用是以法術相輔而行的。對此,他所論甚多,如〈定法〉云:

---

14　梁啟雄著《韓子淺解‧內儲說左下六微》,同 3,頁 247。
15　梁啟雄著《韓子淺解‧八經》,同 3,頁 448。

術者，因任而授官，循名而責實，操殺生之柄，課群
臣之能者也。此人主之所執也。法者，憲令著於官府，
刑罰必于民心，賞存乎慎法，而罰加乎姦令者也。此
臣之所師也。[16]

又如〈難三〉云：

人主之大物，非法則術也。法者，編著之圖籍，設之
於官府，而布之於百姓者也。術者，藏之於胸中，以
偶眾端，而潛御群臣者也。故法莫如顯，而術不欲見。
是以明主言法，則境內卑賤莫不聞知也，……用術，
則親愛近習莫之得聞也。[17]

另如〈說疑〉亦云：

凡術也者，主之所以執也；法也者，官之所以師也。[18]

把法與術的性質、作用與職掌運用的對象區分得非常清楚。
在其他篇章中專論法或術的言論頗多，但所論皆不外上引法、
術合論的內涵。

　　綜合上引合論法、術的言論，皆可見法是成文的、公開

16　梁啟雄著《韓子淺解·定法》，同3，頁406。
17　梁啟雄著《韓子淺解·難三》，同3，頁381。
18　梁啟雄著《韓子淺解·說疑》，同3，頁411。

的，而且是必定嚴格執行的，是用來要求所有臣民一體遵循者；至於術則是隱藏於君王心中，以暗中考察群臣的能力，察知群臣忠誠與否，來控馭群臣者。

既用法要求臣民一體遵循，又藉術來控馭群臣，完全是站在君王的立場設想，可見其出發點乃在於鞏固君王的權位。

## 三、對韓非「二柄」說的商榷

法家為先秦時代的重要學派之一，早期有商鞅的重法派、申不害的重術派、慎到的重勢派，至韓非乃集此三派之大成，而為法家最為代表的人物。其思想影響及於後來甚大，如秦朝即奉之為治國理政的圭臬；到了漢朝，儘管至漢武帝時已獨尊儒術，可是實際上還雜用了法家思想，故漢宣帝即坦言「漢家自有制度，本以霸、王道雜之，奈何純任德教，用周政乎？」[19]所謂霸道指的是有別於王道儒家的法家思想，以後各個朝代的治術也大抵如此，只是王道、霸道的比重有所差異而已，由此可見韓非思想影響的深遠。

「二柄」為韓非認定用來操執以治事的權柄，在其思想中佔有重要地位，而在實際運作中也確實發揮了大效用。但

---

19 班固撰，顏師古注，王先謙補注《漢書補注・元帝紀》，台北：藝文印書館影印光緒庚子春日長沙王氏校刊本，1958 年，頁 122。

如深入探究，卻也不難發現其實有頗多值得商榷之處，茲就所見論述如下：

### 一為立法權誰屬？

韓非重視依據法以定賞罰，但立法權掌握於何人之手，亦即由誰制定法律？他其實並沒有明白交代。不過從《韓非子·定法》云：「法者，憲令著於官府」的語意判斷，君王既然是官府的最高代表；再加上法之外的術與勢，韓非都認為應該掌握於君王手裡；據此兩點，可以推知其意乃是認為立法權也是應該由君王掌握。

法律由君王制定以後，再據「二柄」稱「人主自用其刑、德，則群臣畏其威而歸其利矣。」明顯可見執法權仍然落在君王之手。君王本為國家的最高領導者，擁有行政權。如此則行政、立法、司法三權並不分立而總攬於君王，當然也就無法發揮相互制衡的作用而容易產生弊病了。

### 二為君王是否也要守法？

從早期商鞅重法的兩個典故來看，「徙木示信」可以說是美談，但「王子犯法，與庶民同罪」卻成為謊言或笑話，因為犯法的王子並未受到處罰，倒霉遭殃的是王子的老師。韓非對於王子，以至於君王是否要守法？其實也未明言，但從〈定法〉言：「法者，憲令著於官府，賞罰必於民心，賞存乎慎法，而罰加乎姦令者也，此臣之所師也。……臣無法則亂於天下。」〈五蠹〉言：「賞莫如厚而信，使民利之；罰莫

如重而必，使民畏之；法莫如一而固，使民知之。」[20]遵守法律約束者或曰臣或曰民，可以推知守法者應該只是臣民，君王並不包括在內。如此則君權將無法受到規約而無限擴大，終將演變為專制。

### 三為除了法禁是否也要講求教化？

韓非既然認為人性是趨利避害而偏向於惡的，因此認為仁義教化、文學涵養等皆屬無益而有害，曰：

> 行仁義者非所譽，譽之則害功；工文學者非所用，用之則亂法。[21]

再加上時移勢異，過去也許還能發揮作用者，到了後來已經無法用來治理國家了，曰：

> 上古競於道德，中世逐於智謀，當今爭於氣力。……夫仁義智謀，非所以持國也。[22]

因此一切的教化，包括父母之愛、鄉人之行、師長之智等的關懷導正，皆不如法禁之能馬上達成功效，云：

> 今有不才之子，父母怒之弗為改，鄉人譙之弗為動，

---

20 梁啟雄著《韓子淺解·五蠹》，同3，頁474。
21 梁啟雄著《韓子淺解·五蠹》，同3，頁476。
22 梁啟雄著《韓子淺解·五蠹》，同3，頁471。

> 師長教之弗為變。夫以父母之愛、鄉人之行、師長之
> 智，三美加焉而終不動，其脛毛不改。州郡之吏，操
> 官兵，推公法而求索姦人，然後恐懼，變其節，易其
> 行矣。故父母之愛不足以教子，必待州部之嚴刑者，
> 民固驕於愛、聽於威矣。[23]

　　仁義道德、藝文涵養，以至於父母、鄉人、師長的關愛、指正、勸導皆不如法禁有效，因而極力主張：

> 明主之國無書簡之文，以法為教；無先王之語，以吏
> 為師。[24]

亦即文化的薰陶、先王的教導皆屬多餘而無益，根本不必講求，一切只要服從於法禁即可。

### 四 為是否能為人民的福祉設想？

　　韓非抱法用術而處勢，目標乃在於富國強兵，故特別注重耕戰，曰：

> 博習辯智如孔、墨，孔、墨不耕耨，則國何得焉？修

---

23 梁啟雄著《韓子淺解・五蠹》，同 3，頁 473-474。
24 梁啟雄著《韓子淺解・五蠹》，同 3，頁 482。

孝寡欲如曾、史，曾、史不戰攻，則國何利焉？[25]

不耕耨、不戰攻，則國無所得，國無所利，嚴重的話還會造成兵弱國貧而趨於滅亡，故曰：

戰士怠於行陳者，則兵弱也；農夫惰於田者，則國貧也。兵弱於敵，國貧於內，而不亡者，未之有也。[26]

因而鼓勵人民勤於耕，勇於戰。如人民努力耕戰，則將獲得獎賞，其獎賞為何？曰：

夫耕之用力也勞，而民為之者，曰「可得以富」也。戰之為事也危，而民為之者，曰「可得以貴」也。[27]

意即致力耕戰，則可以享受富貴，但究竟是怎樣的富貴，也就是人民可以得到什麼福祉，其實並未具體言之。依「二柄」即刑、德，且刑重於德的立場觀之，怠於耕戰將會遭受處罰，依情節輕重而被剝奪生命權、自由權、財產權等。兩相對照，可以看出韓非對於為人們謀福祉之事，基本上是比較漠然的。

---

25 梁啟雄著《韓子淺解·八說》，同 3，頁 439。按此文中的「史」指史鰌，春秋時衛國大夫，以正直聞名。
26 梁啟雄著《韓子淺解·外儲說左上》，同 3，頁 286。
27 梁啟雄著《韓子淺解·五蠹》，同 3，頁 482。

# 四、結　語

韓非明言「二柄」就是刑、德，刑者政令刑罰之事，德者禮樂教化之事，兩者本來應該交相為用，故《禮記‧樂記》言：

> 禮樂刑政。其極一也。所以同民心而出治道也。[28]

是故歷朝歷代，除秦朝純任刑政霸道，以致國祚極短以外，其他各朝代皆如漢宣帝所言雜王、霸道為之，除政刑外也頗重視禮樂，只不過不同的朝代輕重各有所偏而已。

從韓非對「二柄」的運用，可以看出（一）循名責實，信賞必罰，其實與孔子所謂正名、取信於民、得民信任等頗為相近以外，（二）刑重於德，操之在君，與（三）法術結合，鞏固君權，皆與儒家思想大異其趣，甚至可以說截然相反。按孔子曾言：

> 道之以政，齊之以刑，民免而無恥；道之以德，齊之

---

28 戴聖編，鄭玄注，孔穎達疏《禮記正義‧樂記》，台北：藝文印書館影印嘉慶 20 年江西南昌府學開雕重刊宋本禮記注疏附校勘記，頁 663。按此語又見於《史記‧樂書》、《說苑‧修文》等。

以禮，有恥且格。[29]

韓非「二柄」說重在「道之以政，齊之以刑」，於雷厲風
行之下，確實可以讓百姓心存畏懼而避免違犯政令、遭受刑
罰，可以快速達成治理的功效。無奈並不能培養百姓以犯法
為恥的觀念，只求苟免於受罰而已。就治標而言，或許有其
短暫的功效，然而卻無法治本，並非長治久安之計。至於禮
樂教化雖然可以收到百姓有恥而向善的目標，但孔子也曾坦
言：「善人為邦百年，亦可以勝殘去殺矣。誠哉是言也。」[30]
又說：「如有王者，必世而後仁。」[31]亦即要治本必須經歷
一世三十年或百年長期的努力才能達成功效，但對當前所面
臨亟須整頓的混亂世局，亦即治標方面，就比較難以著力了。

就對韓非「二柄」說的商榷而言，韓非認為只有君王有
立法權、執法權，而且法令制定之後僅供臣民遵守，君王則
可以自外。如此則所制定、執行的法令當然會以維護君王的
權益為最高考量，而對於君王卻又毫無約束的力量，終將導
致君權的無限膨脹。另外只重治標而不治本，除了法禁之外，
完全不講求教化；對於人民的福祉也毫不考慮，臣民只是君
王驅使的工具；凡此皆令人感到極為不可思議。相對於儒家，
可以看出彼此有相當明顯的差異。

29 朱熹著《論語集注·為政》，台北：大安出版社《四書章句集注》，2005
  年8月第1版第5刷，頁70。
30 朱熹著《論語集注·子路》，同29，頁199。
31 朱熹著《論語集注·子路》，同29，頁200。

　　對儒家而言，君王的地位如同孔子所說「君使臣以禮，臣事君以忠。」[32]以至於孟子的「民為貴，社稷次之，君為輕」[33]之論等，都不認為君王是絕對高高在上者。在治理人民時，孔子主張必須以德化民，曾設喻說：「君子之德，風；小人之德，草；草上之風，必偃。」[34]又說：「能以禮讓為國乎，何有？」[35]……孟子也強調於「百畝之田，勿奪其時，數口之家可以無飢矣」以後，還要「謹庠序之教，申之以孝悌之義。」[36]因舉舜之施政情形道：「人之有道也，飽食、煖衣、逸居而無教，則近於禽獸。聖人有憂之，使契為司徒，教以人倫：父子有親，君臣有義，夫婦有別，長幼有序，朋友有信。」[37]……對於禮義教化十分注重。在民生方面，孔子明白表示其志為「老者安之，……少者懷之。」[38]強調富而後教[39]等。孟子則認為「養生喪死無憾，王道之始也。」[40]「是故明君制民之產，必使養足以事父母，俯足以畜妻子；樂歲終身飽，凶年免於死亡。」[41]凡此皆可見其對人民福祉的重視。

---

32　朱熹著《論語集注・八佾》，同 29，頁 88。

33　朱熹著《孟子集注・盡心下》，台北：大安出版社《四書章句集注》，2005年 8 月第 1 版第 5 刷，頁 515。

34　朱熹著《論語集注・顏淵》，同 29，頁 190。

35　朱熹著《論語集注・里仁》，同 29，頁 96。

36　朱熹著《孟子集注・梁惠王上》，同 33，頁 282。

37　朱熹著《孟子集注・滕文公上》，同 33，頁 360－361。

38　朱熹著《論語集注・公冶長》，同 29，頁 111。

39　朱熹著《論語集注・子路》：「子適衛，冉有僕。子曰：『庶矣哉！』冉有曰：『既庶矣。又何加焉？』曰：『富之。』曰：『既富矣，又何加焉？』曰：『教之。』」同 29，頁 199。

40　朱熹著《孟子集注・梁惠王上》，同 33，頁 282。

41　朱熹著《孟子集注・梁惠王上》，同 33，頁 290。

　　按目前世界各國大抵皆講求教育以啟迪民智，以此增強國力；更重視人權法治與人民的福祉，以此安定社會，富利民生，提高國際地位。然則韓非的「二柄」說只是站在君王的立場，而非人民的立場發言，形成「寡頭」的政治。固然韓非強調法律有其尊嚴性，而且必須成文公布，並且絕對信守，凡此皆有其可取之處。但持平而論，其說與現代的法治精神有很多是背道而馳的，並不值得完全採從。因此我們今天講求法治，就必須保障人權，為民謀福，則參酌儒家的王道思想，以至諸子百家的理念，並且汲取西方的法學觀念，進而審時度勢，取其長而去其短，才是應該採取的正確途徑。

——原發表於 2018 年 11 月廈門「第 10 屆海峽兩岸國學論壇」，後被收錄於《吉林師範大學學報（人文社會科學版）》第 3 期，2019 年 5 月

# 下　　編

# 壹、韓愈〈原性〉的內容大要暨「性三品說」的形成與商榷

## 一、前　言

　　蘇軾在〈潮州修韓文公廟記〉中，推崇韓愈「文起八代之衰，而道濟天下之溺。」[1]上一句「文起八代之衰」主於稱頌韓愈在文學上的貢獻。按唐代的古文運動雖然並非始倡於韓愈，但韓愈的大力推波助瀾，尤其是在提出理論之外，又致力於創作，而且成果斐然，終使運動水到渠成，影響及於宋、元、明、清的散文發展，可謂既開風氣又為師，確實令人非常敬佩。

　　下一句「道濟天下之溺」則讚揚韓愈在思想上的建樹。

---

1　蘇軾撰《蘇東坡全集下·潮州修韓文公廟記》，台北：河洛圖書出版社，1975 年 9 月臺景印初版，頁 372。

按自從兩漢以後,儒學逐漸衰微,終於導致儒門淡薄,收拾不住人才。幸賴韓愈致力於提倡講學風氣,更推崇表彰《四書》與〈易傳〉,又開始探討心性問題,並且倡立儒家的道統說。遂使儒學開始受到重視而逐步復甦,因而開展出宋明理學的新局。[2]

按宋明理學最重視心性義理的探討,韓愈對此早已表示關注,而有〈原性〉之作,在文中提出「性之品有上、中、下三」的所謂「性三品說」。然而其說是否對後來宋明理學的心性學說造成影響?亦即是否有如他在文學上的表現一般,既開風氣又為師,也就很值得我們關注探究了。

韓愈〈原性〉探討與性相關的論題,所重則在提出「性三品說」,究竟〈原性〉的內容為何?「性三品說」將性分為三品究係韓愈首倡抑或前所有承?更讓我們注重的是「性三品說」能否成立?對後來心性問題的探討是否提供啟示?凡此皆為本文所欲探究者。

# 二、〈原性〉的內容大要

韓愈〈原性〉的內容不只一端,但重點則在「性三品說」,惟全文僅五百餘字,雖然提出性分三品的明確主張,但對許多關鍵問題,往往只是點到為止,留下不少後人推測討論的空間,茲先紹述全文的主要內容,其餘則留待下兩節討論。

---

2 參見拙著《理學的先導——韓愈與李翱》,台北:學生書局《書目季刊》第 16 卷第 2 期,1982 年 9 月,頁 33-40。

〈原性〉的內容可略分為下列四個部分：

第一部分：分別為性、情下定義，其言曰：

性也者，與生俱生也。情也者，接於物而生也。[3]

意指性乃出於天生自然，情則為與外物接觸而顯現者。

第二部分：指出性有三品，情亦有三品，並述及性、情的表現情形，以及性、情之間的關係，其言曰：

性之品有三，而其所以為性者五。情之品有三，而其所以為情者七。曰：何也？曰：性之品有上、中、下三，上焉者，善焉而已矣；中焉者，可導而上下也；下焉者，惡焉而已矣。其所以為性者五：曰仁，曰禮，曰信，曰義，曰智，上焉者之於五也，主於一而行於四；中焉者之於五也，一不少有焉，則少反焉，其於四也混；下焉者之於五也，反於一而悖於四。性之於情視其品。情之品有上、中、下三，其所以為情者七，曰喜，曰怒，曰哀，曰懼，曰愛，曰惡，曰欲。上焉者之於七也，動而處其中；中焉者之於七也，有所甚有所亡，然而求合其中者也；下焉者之於七也，亡與甚，直情而行者也。情之於性視其品。

認為性可分為上、中、下三品，上品之性屬純善，中品之性

---

3 韓愈撰《韓昌黎集・原性》，台北：河洛圖書出版社，1975 年 3 月臺景印初版，頁 11-13。以下本節引用〈原性〉之文同此，不另加注。

則可以引導而成為善或成為惡，下品之性就只有惡而已。性的表現為仁、禮、信、義、智，上品之性只要具備其中之一，也會具備其餘四者；中品之性只要不具備其中一項，則其餘四項就會或有或無；至於下品之性則只要欠缺一項，其餘四項也將喪失。又認為情也可以分為上、中、下三品，其表現為喜、怒、哀、懼、愛、惡、欲，上品之性對七情皆能處置得宜；中品之情則或者過或者不及，但力求達到合宜的地步；下品之情則或喪失或過度，只是陷溺於情而已。至於性與情的關係，則只稱「性之於情視其品」、「情之於性視其品」，並未進一步說明。

　　第三部分：批評孟子、荀子、揚雄的性論，而且還各自舉例以質疑三家性論的可信度，其言曰：

> 孟子之言性曰人之性善；荀子之言性曰人之性惡；揚子之言性曰人之性善惡混。夫始善而進惡，與始惡而進善，與始也混而今也善惡，皆舉其中而遺其上下者也，得其一而失其二者也。叔魚之生也，其母視之，知其必以賄死；楊食我之生也，叔向之母聞其號也，知必滅其宗；越椒之生也，子文以為大戚，知若敖氏之鬼不食也；人之性果善乎？后稷之生也，其母無災，其始匐匐也，岐岐然、嶷嶷然；文王之在母也，母不憂，既生也，傅不勤，既學也，師不煩。人之性果惡乎？堯之朱，舜之均，文王之管、蔡，習非不善也，而卒為奸；瞽瞍之舜，鯀之禹，習非不惡也，而卒為聖；人之性善惡果混乎？故曰：三子之言性也，舉其

中而遺其上下者也，得其一而失其二者也。

在分別紹述三家的性論以後，更舉例以證明其說的不可信，最後則歸納三家的共同缺點是「舉其中而遺其上下者也，得其一而失其二者也。」

第四部分：強調上品之性可透過學習而愈明敏，下品之性則可透過威嚇而減少犯罪，亦即並非如上所云「上焉者，善焉而已矣」；「下焉者，惡焉而已矣」。其言曰：

然則性之上下者，其終不可移乎？曰：上之性，就學而愈明；下之性，畏威而寡罪；是故上者可教，而下者可制也。

意指上品、下品之性皆可透過後天的「學」或「威」而改變。至於中品之性究竟如何？雖然並未明言，但推其意，既然上、下品皆可改變，則中品理當更有改變的可能。

以上為〈原性〉內容的四個要點，可能由於全文篇幅並不長，然而試圖闡述的論題既眾多而且頗複雜，因此有不少言猶未盡、交代不清之處，本文將於第四節〈原性〉及其所示「性三品說」商榷中評述。

## 三、韓愈「性三品說」的形成

幾乎所有的學者都認為「性三品說」並非首創於韓愈，

而是他在前人的基礎上進一步發展而成。但究竟承繼哪些人之說？看法並不一致。茲就來源先後敘列學者較常提及的三種說法，並對其說略作評述，以見其是否可信。

最早被提及的是孔子。

據《論語·陽貨》記載：「子曰：『性相近也，習相遠也。』」[4]文中提到了「性」。又《論語·陽貨》云：「子曰：『唯上智與下愚，不移。』」[5]另《論語·雍也》說：「子曰：『中人以上，可以語上也；中人以下，不可以語上也。』」[6]兩段文句中分別有「上智」、「下愚」、「中人以上」、「中人以下」之語。部分學者因此認為韓愈的「性三品說」乃是受孔子的啟發而來。

按孔子雖然曾謂「性相近也，習相遠也。」但其所稱之「性」，定義為何？實難以斷定。又所謂「唯上智與下愚，不移。」「中人以上，可以語上也；中人以下，不可以語上也。」顯然並非就「性」而言，反而比較接近於指才質或學養，如此才能合乎孔子因材施教之旨。由是可見以《論語》所載上引三章孔子之言，遽以論定韓愈的「性三品說」係受孔子之啟發而形成，顯然是穿鑿附會，並不能採信。

然而令人感到十分困惑的是，韓愈在〈原性〉末尾既然說：「上之性，就學而愈明；下之性，畏威而寡罪，是故上者可教，而下者可制也。」可是接著卻又說「其品則孔子謂不

---

4 朱熹著《論語集注·陽貨》，台北：大安出版社《四書章句集注》，2005年8月第1版第5刷，頁246。
5 朱熹著《論語集注·陽貨》，同注4，頁246。
6 朱熹著《論語集注·雍也》，同注4，頁120。

移也。」[7]所謂「不移」究何所指？其與「上者可教」、「下者可制」之間的關係又如何？韓愈並未說明。可能就是因為韓愈引用了孔子「不移」之言，但究係韓愈對孔子「不移」之義另有見解而加以引用？或部分學者喜於攀附權威，以故認為「性三品說」乃出自於孔子。

其次常被提及的為董仲舒。

相對於認為韓愈的「性三品說」可以追溯到孔子，人數並非十分眾多，而且有時還會閃爍其詞；絕大多數的學者不僅斷定董仲舒為「性三品說」的始源，而且語氣非常肯定。關鍵乃在於董仲舒《春秋繁露・實性》云：「聖人之性不可以名性；斗筲之性又不可以名性；名性者，中民之性。」[8]又在《春秋繁露・深察名號》中說：「名性，不以上，不以下，以其中名之。」[9]從表面上看來，他似乎將性分為「聖人之性」、「斗筲之性」、「中民之性」，或上、下、中三個品級，於是許多人乃將之視為首先倡言性有三品的人。

其實探究董仲舒的語意，既然說「聖人之性不可以名性；斗筲之性又不可以名性。」「名性，不以上，不以下。」而只有「中民之性」才可以名性。而且他在提出聖人之性、斗筲之性、中民之性以後，只針對中民之性展開論述，認為「中民之性如繭如卵，卵待覆二十日而後能為雛，繭待繅以涫湯而後能為絲，性待漸於教訓而後能為善。善，教訓之所然也，

---

7 韓愈撰《韓昌黎集・原性》，同 3，頁 13。
8 蘇輿撰，鍾哲點校《春秋繁露義證，實性》，北京：中華書局，2012 年 7 月北京第 7 次印刷，頁 311。
9 蘇輿撰，鍾哲點校《春秋繁露義證，深察名號》，同注 8，頁 300。

非質樸之所能至也，故不謂性。」[10]至於所謂「聖人之性」、「斗筲之性」既然不認為是性，因此完全不再進一步論述。

　　其實要掌握董仲舒對性的真正看法，應該從他的思想主軸入手，《漢書‧五行志》說：「漢興，承秦滅學之後，景、武之世，董仲舒治《公羊春秋》，始推陰陽為儒者宗。」[11]由是可見他的思想主軸是融會儒學與陰陽學，而發展出來的天人感應學說。按《春秋繁露‧深察名號》云：「身之名，取諸天。天兩有陰陽之施，身亦兩有貪仁之性，天有陰陽禁，身有情欲栓，與天道一也。」[12]「兩有貪仁之性」顯然是針對可以稱之為性的中民之性而言，因此有賴於後天的教化以存仁去貪。亦即在董仲舒的心目中，性只有中民之性，並非另有聖人之性、斗筲之性，意謂中民如能接受教化則可以成為聖人，否則即為斗筲，故蘇輿在《春秋繁露義證》中明言：「夫人生皆中民也，已教則性勝情，謂之聖人；失教則情勝性，謂之斗筲，非性有三等。」[13]除非韓愈自己誤認為董仲舒將

---

10 蘇輿撰，鍾哲點校《春秋繁露義證，實性》，同注 8，頁 312。按〈深察名號〉中也有類似言論，曰：「性如繭如卵，卵待覆而成雛，繭待繅而為絲，性待教而為善。此之謂真天。」同注 8，頁 300。但此處已不稱「中民之性如繭如卵」，而直接稱「性如繭如卵」，可推見其所謂「性」即專指「中民之性」而言，並無所謂「聖人之性」、「斗筲之性」。

11 班固撰，顏師古注，王先謙補注《漢書‧五行志》，台北：藝文印書館1996 年影印光緒庚子春日長沙王氏校刊本，1958 年，頁 600。

12 蘇輿撰，鍾哲點校《春秋繁露義證，深察名號》，同注 8，頁 296。〈深察名號〉又曰：「吾以心之名，得人之誠。人之誠，有貪有仁。仁貪之氣，兩在於身。……天地之所生，謂之性情。性情相與為一瞑。情亦性也。謂性已善，奈其情何？……身之有性情也，若天之有陰陽也。言人之質而無其情，猶言天之陽而無其陰也。」同注 8，頁 294-298。亦可見其所講之性僅為中民之性。

13 蘇輿撰，鍾哲點校《春秋繁露義證，深察名號》，同注 8，頁 309。

性分為三等，否則冒然將韓愈的「性三品說」斷定為淵源於董仲舒，顯然十分牽強。

　　最被多人提及的乃是王充。

　　王充在《論衡・本性篇》中紹述了自從周朝世碩以後，以至西漢末年的劉子政（向）各家的性論，包括孟子、告子、荀子、陸賈、董仲舒、劉子政等，皆一一評論，而總結道：「自孟子以下至劉子政，鴻儒博生，聞見多矣，然而論情性竟無定是。唯世碩儒、公孫尼子之徒，頗得其正。」[14]究竟世碩、公孫尼子等人的說法為何，他解釋道：「周人世碩，以為人性有善有惡，舉人之善性養而致之，則善長；性惡養而致之，則惡長。如此則性各有陰陽善惡，在所養焉。故世子作〈養書〉一篇。密子賤、漆雕開、公孫尼子之徒，亦論情性，與世子相出入，皆言性有善有惡。」[15]

　　從上引言論看來，王充似乎贊同世碩的觀點，而所謂「性各有陰陽善惡」，頗類似董仲舒所言「天兩有陰陽之施，身亦兩有貪仁之性。」也接近於後來揚雄主張的「人之性也善惡混，修其善則為善人，修其惡則為惡人。」[16]然而王充卻在最後總結說：「余固以孟軻言人性善者，中人以上者也。孫卿言人性惡者，中人以下者也。揚雄言人性善惡混者，中人也。」[17]明顯的將性分為中人以上的性善者，並以為所指乃孟子所

---

14 王充撰《論衡・本性篇》，台北：世界書局《新編諸子集成》第七冊，1972年10月新1版，頁30。
15 王充撰《論衡・本性篇》，同注14，頁28。
16 揚雄撰，李軌注《法言・修身篇》，台北：世界書局《新編諸子集成》第二冊，1972年10月新1版，頁7。
17 王充撰《論衡・本性篇》，同注14，頁30。

倡之性善論；中人以下的性惡者，並以為所指乃荀子所倡之
性惡論；以及善惡混的中人，並以為所指乃揚雄所倡之性論。
其說與世碩所持的觀點，顯然並非相同。

一方面抨擊孟子、荀子的性論，不以其說為然。[18]另方
面又將孟、荀與揚雄的性論結合在一起，納入自己所定的三
個等級之中。雖然並未使用「三品」之詞，但其對前人性論
的理解及作法，大抵皆為韓愈所繼承。由是可見其對韓愈「性
三品說」的影響，相對於孔子、董仲舒而言，可以說是比較
明顯而且直接。[19]

---

18 令人感到十分疑惑的是：王充對孟子、荀子的性論皆不認同，謂「孟子之
言情性，未為實也。」「夫孫卿之言，未為得實」，甚至對告子、陸賈、董
仲舒、劉子政之論也不以為然，可是對揚雄的性善惡混說，在《論衡‧本
性篇》中不褒也不貶，竟無一語及之，卻又將之列於論性三個等級之中。

19 《論衡‧本性篇》所舉用以抨擊孟子性善論的例子，如《左傳‧昭公二十
八年》所載：「六月，晉殺祁盈及楊食我。」王充曰：「羊舌食我初生之時，
叔姬觀之，及堂，聞其啼聲而還曰：『其聲，豺狼之聲，野心無親，非是
莫滅羊舌氏。』遂不肯見。及長，祁勝為亂，食我與焉。國人殺食我，羊
舌氏由是滅矣。」韓愈也以此事為例，以質疑孟子的性善論，曰：「楊食
我之生也，叔向之母聞其號也，知必滅其宗。……人之性果善乎？」又如
〈史記‧五帝本紀〉所載，堯之子丹朱不肖，舜之子商均亦不肖，故皆不
能繼位為帝，王充乃以此質疑孟子之說，曰：「丹朱生於唐宮，商均生
於虞室。唐、虞之時，可比屋而封，所與接者，必多善矣；二帝之旁，必
多賢也。然而丹朱傲，商均虐，並失帝統。」韓愈也以此二人為例，但卻
用來質疑揚雄的善惡混說，曰：「堯之朱，舜之均，……習非不善也，而
卒為奸；……人之性善惡果混乎？」可見王充所舉之例有不少被韓愈沿用
者，但兩人對事例的解讀卻有同有異，然由此亦可推見兩人所舉之例是否
適切，頗有待斟酌。韓愈所舉之例得當與否，可參見本文第四節之評述。

# 四、〈原性〉及其所示「性三品說」商榷

　　對於韓愈的〈原性〉及其重點所在的「性三品說」，細加探究，當可發現不少值得辨明或商榷之處，茲分述之如下：

　　一為〈原性〉雖然分別為「性」、「情」下定義，以為「性也者，與生俱生也。」「情也者，接於物而生也。」但是由於文字過簡，詮釋不夠充分，意旨嫌攏統而欠明確，對以下性、情的分品及表現，以及性與情的關聯，皆造成理解的困難。

　　二為文中將性定為上、中、下三品，又將「所以為性者」定為仁、禮、信、義、智五種，理由何在？並未見說明。又如將情之品定為上、中、下三，又將「所以為情者」定為喜、怒、哀、懼、愛、惡、欲七種，理由何在？亦未見說明。以至在敘說性之三品與其表現為仁、禮、信、義、智之後，即下結論說「性之於情視其品」，又在敘說情之三品與其表現為喜、怒、哀、懼、愛、惡、欲之後，亦立即下結論說「情之於性視其品」；對於性與情的關聯究竟如何，完全不推論，則其結論就難免令人摸不著頭緒了。[20]

---

20 勞思光《中國哲學史》對於韓愈將性、情各分為三品；以及規定「其所以為性者」為五種德性，「其所以為情者」為七情；還有情是否與性之方向相關，皆甚不以為然，而極力批評，且下語頗重，如曰：「韓氏所見全屬常識層面，根本不知『心性論』所涉及者為價值意識之根源問題。……其對哲學問題之無知，實可笑也。」「『性』既只含五種德性，則又如何能分為『三品』？……『性』只以五種德性為內容，卻又或順或悖；於理不可通矣。」「似乎『情』本身可以生成是能中或不能中，又與『性』之方向不相關矣。此說益謬，不待多辯。」其詳請參勞思光《中國哲學史》第三卷上，香港：友聯出版社，1980 年 12 月再版，頁 27-28。

　　三為〈原性〉全文重點為「性三品說」，一方面認為「性
之品有上、中、下三，上焉者，善焉而已矣；中焉者，可導
而上下也；下焉者，惡而已矣。」配合下文所云「孟子之言
性曰人之性善；荀子之言性曰人之性惡，揚子之言性曰人之
性善惡混。夫始善而進惡，與始惡而進善，與始也混而今也
善惡，皆舉其中而遺其上下者也，得其一而失其二者也。由
「可導而上下」變成「始也混而今也善惡」，尚可以理解，但
如何由「善焉而已矣」變成「始善而進惡」？由「惡而已矣」
變成「始惡而進善」？皆未見說明。對照上引兩段文字，很
明顯的可以發現韓愈對於孟子的性善論、荀子的性惡論，皆
缺乏相應的了解。[21]

　　按孟子雖然主性善，但並非認為人性本善或純善，而是
先天具有善端，亦即具有善的因子，因此後天才有成善的可
能。但雖有此可能，仍有賴於後天的努力，故孟子極力主張
擴充善端。荀子雖然主性惡，但並非認為人性本惡或純惡，
而是後天易流於惡，故有賴於禮樂之道、師法之教的人為（偽）
努力，才能化除流於惡的可能。至於揚雄的善惡混說，其實
乃是對孟子、荀子之性論缺乏相應的了解，因而試圖調合折
衷之。[22]嚴格而論，根本不能成為一家之言。韓愈勉強將此

---

21　如韋政通《中國思想史》(下冊)即言：「從下文他對孟、荀的批評，以為孟
　　子言『人之性善』乃『始善而進惡』，荀子言『人之性惡』乃『始惡而進
　　善』，因此說他們『皆舉其中而遺其上下者也。』可知韓愈對孟、荀的性
　　論都沒有相應的了解。」台北：大林出版社，1980 年 4 月 20 日，頁 953。
22　多位學者皆有類似看法，如馮友蘭《中國哲學史》稱：「揚雄又有其對於
　　人性之見解，亦為後世所稱道，揚雄云：『人之性也善惡混，修其善則為
　　善人，修其惡則為惡人。』蓋兩取孟、荀對於人性之見解，而折衷之也。」
　　台北：臺灣商務印書館，1996 年 11 月增訂一版，頁 587。又如勞思光《中

三家之說湊合在一起，並謂三家之失皆在「舉其中而遺其上下者，得其一而失其二者也。」所謂中與上下，一與二究何所指？並未點明，難免令人感到困惑。

　　四為〈原性〉文中所舉質疑孟子性善論，稱「人之性果善乎」？質疑荀子性惡論，稱「人之性果惡乎」？質疑揚雄性善惡混論，稱「人之性善惡果混乎」？諸例，雖皆見於史傳，但或不合情理，或情節怪誕，或因果難定，皆無法令人信服。茲各舉韓愈所列每類第一例，辨明如下：

　　1.「人之性果善乎」之「叔魚之生也，其母視之，知其必以賄死」。據《國語・晉語八》所載，晉國大夫叔魚出生時，因長相怪異：「虎目而豕喙，鳶肩而牛腹。」其母以此判斷他將來必定會因受賄而死，所以不親自撫養照顧。叔魚長大後，果然因捲入權力鬥爭而被殺害。韓愈不考察此記載是否合乎常情與事實，卻以此斷定叔魚生性為惡，並用來駁斥孟子的性善論，說法顯然十分荒謬。

　　2.「人之性果惡乎」之「后稷之生也，其母無災，其始匍匐也，岐岐然，嶷嶷然。」據《詩經・大雅・生民》及《史記・周本紀》所載，周朝始祖后稷之母姜嫄因踏到天帝的腳拇指跡而懷孕，無災無害的於孕期滿了之後生下后稷。姜嫄以為自己並未與男性交合竟然懷孕生子，乃不祥之事。因而把后稷丟棄於小巷裡，但牛羊都避開而不踐踏；只好改而丟

國哲學史》第二卷：「揚雄喜從荀說，又不解荀子之理論；推崇孟子，亦不解孟子論『性』之本義，妄求折中，而言『善惡混』；實正顯示其人全不解心性問題耳。」香港：香港中文大學崇基學院，1980 年 11 月 3 版，頁 126。

棄於山林中，不巧山林中有許多人在伐木；不得已轉而棄置
於溝渠內，天上的飛鳥居然下翔而以翅膀護佑之；姜嫄終於
認為此乃天意，而將后稷帶回撫養。意想不到的是后稷竟能
自己匍匐爬行，並起立就食，長大後尤其喜好稼穡農耕之事，
後來被堯任命為農師，終於成為周朝始祖。按此乃周朝人神
化其始祖誕生而杜撰出來的神話，韓愈竟然信以為真，認為
后稷出生即具有善性，並用來駁斥荀子的性惡論，論斷可謂
極為荒唐。

　　3.「人之性善惡果混乎」之「堯之朱，舜之均，文王之
管、蔡」。據《史記·五帝本紀》所載，堯之子丹朱不肖，故
堯不將帝位授予丹朱而傳授給舜；舜之子商均亦不肖，舜乃
預薦禹於天而授與帝位。又據《史記·周本紀》所載，周武
王崩逝後，成王繼之，年少，武王弟管叔、蔡叔乃勾結商紂
之子武庚叛亂。韓愈舉此等事例，意謂上述丹朱、商均、管
叔、蔡叔諸人本來所習染者為善，然而後來卻轉為奸邪。其
中因果關係殊難斷定，卻以此闡明人可以為善，亦可以為惡，
並用來駁斥揚雄的善惡混說，推論其實非常勉強。

　　五為韓愈既然認為性之「上焉者，善焉而已矣」、「下焉
者，惡焉而已矣」，卻又說「上之性就學而愈明，下之性畏威
而寡罪」。下品之性本來為惡，但可透過後天的「威」而使其
減少犯罪，降低惡的程度，很容易讓人理解。但是上品之性
已經是「善焉而已矣」，將如何「就學而愈明」？所謂「愈
明」，是否表示善也有等級或程度之分？如有，又如何畫分？
類此論述，實頗令人費解而莫明所以。

　　綜合以上所述五點，不僅可以發現〈原性〉內容的駁雜，

更可以看出，所謂「性三品說」係因誤解前人，包括孟子、荀子，甚至於揚雄的性論，雜湊而成。論述既欠清楚，舉例亦不恰當，根本無法成立。以致對於後來宋明理學之論心性者，不論性即理派或心即理派，基本上並未產生影響。

# 五、結　語

據前述〈原性〉的內容大要，暨〈原性〉及其「性三品說」的商榷兩節所述看來，〈原性〉的內容既嫌駁雜，「性三品說」乃勉強湊合而成，缺乏完整細密的理論建構，並無法成立。然而自韓愈此文一出，李翱、皇甫湜、杜牧等對此論題皆有所闡述。[23]可見自先秦、兩漢以後，對於人性的探討，至此又重啟論端。

按韓愈極為推崇儒家所強調的仁義之道，故對魏、晉以來造成儒學衰微的佛、道思想排擊不遺餘力，曾自比孟子之拒楊、墨，而以衛護儒家之道自許，曾慷慨自言曰：

> 釋、老之害過於楊、墨，韓愈之賢不及孟子，孟子不能救之於未亡之前，而韓愈乃欲全之於已壞之後。嗚呼！其亦不量其力，且見其身之危莫之救以死也。雖然，使其道由愈而粗傳，雖滅死萬萬無恨。天地鬼神臨之在上，質之在旁，又安得因一摧折，自毀其道以

---

23 李翱著有〈復性書〉三篇，皇甫湜撰有〈孟荀言性論〉，杜牧則有〈三子言性辨〉。

從於邪也。[24]

　　就是因為韓愈具備此種意欲障百川而東之、挽狂瀾於既
倒的氣概，而且終能在不屈不撓的努力之下，達成其所願，
使儒學重新被世人重視，故《新唐書·韓愈列傳》對他極為
推崇，而於傳末之贊語中說：

> 自晉訖隋，老、佛顯行，聖道不斷如帶，諸儒倚天下
> 正議，助為怪神。愈獨喟然引聖，爭四海之惑。雖蒙
> 訕笑，跲而復奮。始若未之信，卒大顯於時。昔孟軻
> 拒楊、墨，去孔子才二百年；愈排二家，乃去千餘歲。
> 撥衰反正，功與齊而力倍之，所以過況、雄為不少
> 矣。[25]

雖不能說與孟子相比，「功與齊而力倍之」，也不宜說「過
(荀)況、(揚)雄為不少」，蓋各有其時代背景，也各有其建樹
貢獻，實難以相互比較。但的確是在韓愈毫不屈服懈怠的奔
走呼號之下，儒學乃漸為人肯定，其對於復興儒學誠屬功不
可沒。
　　不過平心而論，韓愈衛護儒學之精神誠然令人敬佩，但
他對儒家思想之精微實尚未能充分掌握，此從《韓昌黎集》
中的思想性論著，包括〈原道〉、〈原性〉、〈原毀〉、〈原人〉、

---

24 韓愈撰《韓昌黎集·與孟尚書書》，同注 3，頁 126。
25 歐陽修撰《唐書·韓愈列傳》，台北：藝文印書館據清乾隆武英殿刊本景
　　印，1958 年，頁 2057。

〈原鬼〉諸篇，所探討者皆屬範圍極為複雜，演變十分曲折，內涵非常精微的論題，但其篇幅皆頗簡約，長者如〈原道〉僅一千二百餘字，短者如〈原人〉尚不滿兩百字，以故闡述欠充分，剖析欠深入，照應欠周全。可以看出其在儒學理論的建構上確實不夠周密精到，不足以建立典範而讓後學繼踵發揚之。是就「文起八代之衰」而言，韓愈誠然當之無愧；然而就「道濟天下之溺」來說，追本溯源，能開風氣之先，其功誠屬不可掩，但是否能成為後世之師，則仍大有待商榷也。

——原發表於《孔孟月刊》第 59 卷第 11、12 期
2021 年 8 月 28 日

# 貳、湛若水〈四勿總箴〉
# 一貫之道探析

## 一、前　言

　　提出「隨處體認天理」之說，深受其師陳獻章讚賞；[1]並以此為宗旨，與王陽明一見定交，立志共興聖學，各立門戶[2]的明代嶺南心學集大成者湛若水，撰有頗能代表其思想的〈四

---

1　湛若水著《湛甘泉先生文集・默識堂記》自言：「孟子之道在周、程。周、程沒，默識之道在白沙，（陳獻章世稱白沙先生），故語予：『日用間隨處體認天理，何患不到聖賢佳處？』」桂林：廣西師範大學出版社，2014年8月第1版，頁942~943。又陳獻章撰《陳白沙集・江門風月釣臺深》詩後跋語云：「達摩西來，傳衣為信，江門釣臺亦病夫之衣鉢也。茲以付民澤（湛若水字民澤），將來有無窮之託，珍重！珍重！」按此詩作於陳獻章死前一年，而將湛若水視為衣鉢傳人，可見對他的看重。台北：台灣商務印書館影印《文淵閣四庫全書》集部185冊，頁1246-219~1246-220。

2　王陽明撰，吳光、錢明、董平、姚延福編校《王陽明全集・世德紀・湛若水陽明先生墓誌銘》：「正德丙寅（明武宗正德元年，1506）會甘泉子於京師，語人曰：『守仁從宦三十年，未見此人。』甘泉子語人亦曰：『若水泛觀於四方，未見此人。』遂相與定交講學。」上海：上海古籍出版社，1992年12月第1版，頁1401。又黃宗羲著，沈芝盈點校《明儒學案・甘泉學案一》：「王、湛兩家，各立宗旨，湛氏門人，雖不及王氏之盛，然當時學於湛者，或卒業於王，學於王者，或卒業於湛，亦猶朱、陸之門下，遞相出入也。」又云：「先生與陽明分主教事，陽明宗旨致良知，先生宗旨隨處體認天理。學者遂以良知之學，各立門戶。」台北：華世出版社，1987年2月台1版，頁876。

勿總箴〉，在其序言中云：

> 古之學者本乎一，今之學者出乎二，予以〈四箴〉存
> 中以應外，制外以養中，惠教後世學者至矣！使其知
> 合觀並用之功則善焉，如其不然，或有分崩離析之患
> 而昧精一易簡之學矣！予為此懼，推程氏之意以達
> 孔、顏之指，為作〈四勿總箴〉，庶學者知合內外之
> 道，以不貳乎一貫之教焉。[3]

闡明自己創作的緣由乃在於「推程氏之意以達孔、顏之指」；
其旨趣則為「庶學者知合內外之道，以不貳乎一貫之教焉」。
究竟程氏之意，與孔、顏之指所指為何？又合內外之道的一
貫之教，其意蘊為何？凡此皆為本文所欲探討者。

## 二、從「四勿」到〈四箴〉

按《論語・顏淵》記載孔子在回答顏淵問仁時，提到四
個「勿」字，後來即成為「四勿」一詞之所出：

> 顏淵問仁。子曰：「克己復禮為仁。一日克己復禮，
> 天下歸仁焉。為仁由己，而由人乎哉？」顏淵曰：「請
> 問其目。」子曰：「非禮勿視，非禮勿聽，非禮勿言，

---

3 湛若水著《湛甘泉先生文集・四勿總箴有序》，同 1 上，頁 1194。

非禮勿動。」顏淵曰：「回雖不敏，請事斯語矣！」[4]

　　可以明白看出文中的「非禮勿視，非禮勿聽，非禮勿言，非禮勿動」即是「四勿」，是故朱熹在其〈齋居感興〉二十首之十三，即有「顏生躬四勿」之語；[5]而明儒湛若水〈四勿總箴〉、李贄〈四勿說〉，清儒顧汝修〈四勿箴〉，皆據之以名篇。

　　從上引《論語‧顏淵》的記載，可以看出顏淵所問者為仁，但孔子卻以「克己復禮」答之；而在顏淵「請問其目」以後，依然認為實行的條目仍在視、聽、言、動等行為的合乎禮；由此可以看出仁與禮關係的密切。

　　按孔子的中心思想為仁，但仁為全德之稱，難以具體言之，而有賴於遵循禮以實現之。[6]是故顏淵讚嘆孔子之道的博大精深，以及孔子對學生的循循善誘時會說：「仰之彌高，鑽之彌堅；瞻之在前，忽焉在後。夫子循循然善誘人，博我以文，約我以禮。欲罷不能。」[7]可見「博學於文」之後的「約之以禮」，為孔子講求仁道思想時所特別看重，因此屢屢言之，一則曰：「君子博學於文，約之以禮，亦可以弗畔矣夫！」[8]再

---

4　朱熹著《論語集注‧顏淵》，台北：大安出版社，《四書章句集注》，2005年8月第1版第5刷，頁181~182。

5　陳俊民校編《朱子文集‧齋居感興二十首》，台北：財團法人德富文基金會，2000年2月初版，頁249。

6　朱熹著《論語集注‧顏淵》：「仁者，本心之全德。……禮者，天理之節文也。為仁者，所以全其心之德也。蓋心之全德，莫非天理，而亦不能不壞於人欲。故為仁者必有以勝私欲而復於禮，則事皆天理，而本心之德復全於我矣。」同4，頁182。

7　朱熹著《論語集注‧子罕》同4，頁150。

8　朱熹著《論語集注‧雍也》同4，頁122。

則曰：「博學於文，約之以禮，亦可以弗畔矣夫！」[9]由此可見禮在孔子思想中的重要。

　　《論語·顏淵》此章既涉及孔子思想核心的仁、禮兩個概念，則其中必然蘊含極為深刻的義理。然則歷來的《論語》主要注家，像早期的何晏集解、皇侃義疏，因所重較偏於訓詁，故在義理上少有闡述。及至朱熹《論語集注》才大加發揮，以為此章乃孔門傳授心法的切要之言，並且鼓勵學者應勉力而為。[10]更引用程頤〈四箴〉，以為「發明深切，學者尤宜深玩」。[11]推崇可謂備至。

　　程頤的〈四箴〉，分別為〈視箴〉：

> 心兮本虛，應物無迹；操之有要，視為之則。蔽交於前，其中則遷；制之於外，以安其內。克己復禮，久而誠矣。

〈聽箴〉：

> 人有秉彝，本乎天性；知誘物化，遂亡其正。卓彼先覺，知止有定；閑邪存誠，非禮勿聽。

〈言箴〉：

---

9 朱熹著《論語集注·顏淵》同4，頁189。
10 朱熹著《論語集注·顏淵》：「愚按：此章問答，乃傳授心法切要之言。非至明不能察其幾，非至健不能致其決。故惟顏子得聞之，而凡學者亦不可以不勉也。」同4，頁182。
11 朱熹著《論語集注·顏淵》同4，頁182。

人心之動，因言以宣；發禁躁妄，內斯靜專。矧是樞機，興戎出好；吉凶榮辱，惟其所召。傷易則誕，傷煩則支；己肆物忤，出悖來違，非法不道，欽哉訓辭。

〈動箴〉：

哲人知幾，誠之於思；志士勵行，守之於為。順理則裕，從欲惟危；造次克念，戰兢自持；習與性成，聖賢同歸。[12]

在此四箴之前有序，其文曰：

顏淵問克己復禮之目，夫子曰：「非禮勿視，非禮勿聽，非禮勿言，非禮勿動。」四者身之用也，由乎中而應乎外，制於外所以養其中也。顏淵事斯語，所以進於聖人。後之學聖人者，宜服膺而勿失也。因箴以自警。[13]

文中提到了「四者身之用也，由乎中而應乎外，制於外所以養其中也」。並謂「後之學聖人者，宜服膺而勿失也。因箴以自警。」但細審〈四箴〉的內容，不難發現「因箴以自警」的意味並不強，反而較偏重於「由乎中而應乎外，制於

---

12 程顥、程頤著《二程集・四箴有序》，台北：里仁書局，1982 年 3 月 25 日，頁 588~589。

13 程顥、程頤著《二程集・四箴有序》，同 12，頁 588。

外所以養其中也」的內外交養之道，如〈視箴〉中的「蔽交
於前，其中則遷；制之於外，以安其內」；〈聽箴〉中的「知
止有定」、「閑邪存誠」；〈言箴〉中的「發禁躁妄，內斯靜專」；
〈動箴〉中的「戰兢自持」、「習與性成」等皆在闡明此意。
另外除〈言箴〉以外，其餘三箴皆提到「誠」字。凡此皆為
湛若水〈四勿總箴〉所重視而承繼者。

## 三、〈四勿總箴〉與「一貫之教」

### (一)〈四勿總箴〉的意蘊

　　〈四勿總箴〉乃是為了「推程氏之意以達孔、顏之指」
而作，但如細加比較，可見雖前有所承，但也有其別出心裁
的意旨。為方便對照，先列其文如下：

> 心含天靈，灝氣之精，與地廣大，與天高明。惟精惟
> 靈，貫通百體，非禮一念，能知太始。事雖惟四，勿
> 之則一，如精中軍，八面卻敵。精靈之至，是謂知幾，
> 顏復不遠，百世之師。聖遠言湮，多岐支離，一實四
> 勿，毋貳爾思。[14]

　　以此比較《論語・顏淵》所載孔、顏問答，以及程頤〈四
箴〉的內容，我們可以發現有下列三點或異或同之處，並因

---

14 湛若水著《湛甘泉先生文集・四勿總箴有序》，同 1，頁 1194~1195。

而彰顯了〈四勿總箴〉的要旨。

1. 孔、顏問答明言「非禮物視，非禮勿聽，非禮勿言，非
   禮勿動」；程頤〈四箴〉也並列〈視箴〉、〈聽箴〉、〈言
   箴〉、〈動箴〉，但〈四勿總箴〉則並未針對視、聽、言、
   動逐一提出箴砭，甚至還說「事雖惟四，勿之則一」、「一
   實四勿，毋貳爾思」，並不強調四與一的分別，用意明
   顯是要在一多之間取得統一而不強加分別。文章取名為
   〈四勿「總」箴〉，「總」字隱約寓有統合之意在焉。

2. 題目雖然名為〈四勿總箴〉，但細看其內容，也如同程
   頤的〈四箴〉一樣，並無明顯的「箴以自警」之意。而
   其序言所言「予以〈四箴〉存中以應外，制外以養中，
   惠教後世學者至矣！」顯然是化約程頤〈四箴〉序言中
   「由乎中而應乎外，制於外所以養其中也」而來，可見
   完全承自程頤的旨意，所重並不在「箴」字隱含的事後
   省察對治之意，而係平日內外交養的工夫。

3. 〈四勿總箴〉除了文與序之外，又有圖，其圖如下所附。
   且湛若水又有〈心性圖說〉，有文無序，但也有圖，附
   之於下。他認為兩個圖必須參看，在〈四勿總箴〉的附
   說中云：

> 此二圖乃聖學功夫，至切至要，至簡至易處，總而言
> 之，不過只是隨處體認天理。雖言與象，二圖各有不

同，然實相表裡，實相發明。[15]

在此除已明確提出「隨處體認天理」的講學宗旨以外，並指出兩個圖的不同之處，曰：

> 心性圖專明道體，而所謂敬，所謂心，則功夫存乎其中矣。〈四勿總箴〉圖專明功夫，而所謂高明，所謂廣大，則道體存乎其中矣！此所謂相表裡，相發明，通一無二之實也。只是一段道體，只是一段功夫，非有兩段、三段道體功夫。無內外、無大小、無始終、無包貫之分，一而已矣！[16]

雖然指出〈四勿總箴〉圖所明者為功夫，但從圖中的「與天高明」、「與地廣大」，可見道體其實已存在其中，明顯的是將功夫與道體融合為一。

---

15 湛若水著《湛甘泉先生文集・四勿總箴有序》，同 1，頁 1195。
16 湛若水著《湛甘泉先生文集・四勿總箴有序》，同 1，頁 1195。

〈四勿總箴〉圖[17]

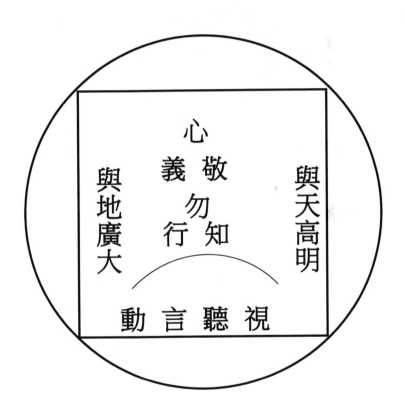

---

17 湛若水著《湛甘泉先生文集・四勿總箴有序》，同 1，頁 1193。

## 心性圖[18]

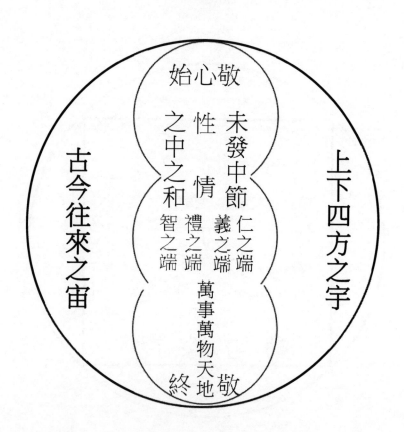

---

18 湛若水著《湛甘泉先生文集・心性圖說》，同 1，頁 1191。

綜上所述，所謂「四勿」或〈四箴〉中的視、聽、言、動，在湛若水看來，並不宜強加細分，必須視為一體，而在知行上勿逾越禮的規範，至其關鍵乃在於心之敬義夾持(即《周易‧坤文言》所稱「敬以直內，義以方外」)。如是則非禮勿視、非禮勿聽、非禮勿言、非禮勿動的功夫，即能與道體——吾人內心所本來具有之仁合而為一，達到「與天高明」、「與地廣大」的境界了。

## (二)「一貫之教」的內涵

〈四勿總箴〉的創作動機乃在於「庶學者知合內外之道，以不貳乎一貫之教。」但所謂「一貫之教」所指為何？按「一貫」之詞出自《論語‧里仁》孔門師生的一段對話，其文曰：

> 子曰：「參乎！吾道一以貫之。」曾子曰：「唯。」子出。門人問曰：「何謂也？」曾子曰：「夫子之道，忠恕而已矣。」[19]

據此可知孔子所講之道為「一以貫之」之道，其所施之教即為「一貫之教」。然則「一貫之道」的內涵究竟是什麼？據曾子的理解：「夫子之道，忠恕而已矣」，顯然是指忠恕。

對於曾子的理解，歷來《論語》的主要注家，如何晏《論語集解》即引孔安國曰：「直曉不問，故答曰唯。」[20]皇侃《論

---

19 朱熹著《論語集注‧里仁》同 4，頁 96。
20 何晏集解，邢昺疏《論語注疏‧里仁》，台北：藝文印書館影印嘉慶二十年江西南昌府學開雕《重刊宋本論語注疏附校勘記》，1955 年，頁 37。

語義疏》亦曰：「曾子曉孔子言，故直應爾而已，不諮問也。」[21]邢昺《論語正義》也說：「曾子直曉其理，更不須問，故答曰唯。」[22]三人所說，不啻若出一口。按皇侃、邢昺之著皆屬為何晏集解所作之疏，依疏不破注原則，其說與何晏相同，乃理所當然。然而朱熹《論語集注》仍舊秉持類似的觀點，曰：

> 唯者，應之速而無疑者也。聖人之心，渾然一體，而泛應曲當，用各不同。曾子於其用處，蓋已隨事精察而力行之，但未知其體之一爾。夫子知其真積力久，將有所得，是以呼而告之。曾子果能默契其指，即應之速而無疑也。[23]

按朱熹所持義理立場與前三家不同，但也認為曾子所答即為孔子之意。至於也是為何晏《論語集解》作疏的劉寶楠《論語正義》當然還是認同前人之說，曰：

> 曾子時與門人同侍夫子，深知聖道，故夫子呼告之也。[24]

---

21 何晏集解，皇侃疏《論語集解義疏‧里仁》，台北：廣文書局，1977 年 7月再版，頁 127。

22 何晏集解，邢昺疏《論語注疏‧里仁》，同 20，頁 37。

23 朱熹著《論語集注‧里仁》同 4，頁 96~97。

24 劉寶楠著《論語正義‧里仁》，台北：世界書局《新編諸子集成》第一冊，1972 年 10 月新 1 版，頁 81。

　　綜上所述，可見所有《論語》的主要注家，不論其所持立場為何，皆異口同聲的認為曾子已直曉孔子之道，故對孔子「吾道一以貫之」的話語應之而無疑，並以「忠恕」告門人，因而判定此即孔子的「一貫之道」。

　　孔子的「一貫之道」既然就是「忠恕」，則湛若水所指的「一貫之教」當然就是忠恕之教了。按《說文解字》云：「忠，敬也。盡心曰忠。從心中聲。」[25]「恕，仁也。從心如聲。」[26]就字形之結構而言，忠、恕皆屬形聲字，但形聲多兼會意，忠「從心中聲」，意謂從心中自然流露而生，毫無虛假造作。恕「從心如聲」，意謂視人之心如我之心，即能將心比心，具有同理之心。歷來《論語》主要注家所講，大抵與《說文解字》所釋相同，皆謂忠乃針對自己發自內心，盡其能力而言；恕則能於盡己以後，進而以己度人、度物，並推之於人、於物，以有助於人、物，以臻於仁民愛物的目標。

　　忠恕從表面上看來似乎是兩件事，其實是一體的，代表宋學的朱熹即嘗謂：「忠因恕見，恕由忠出。」[27]認為忠是由恕顯現的，恕則是從忠發展出來的。故他又以體用關係加以形容，曰：「忠是體，恕是用，只是一個物事。」[28]代表漢學的劉寶楠也說：「非忠則無由恕，非恕亦奚稱為忠也？」[29]凡此皆可見忠恕實屬一體，密不可分。

---

25 許慎著，段玉裁注《說文解字注》，台北：黎明文化事業公司，1978 年11 月 4 版，頁 507。

26 許慎著，段玉裁注《說文解字注》同 25，頁 508。

27 黎清德編《朱子語類》，台北：文津出版社，1986 年 12 月出版，頁 671。

28 黎清德編《朱子語類》，同 27，頁 672。按朱熹類似上引兩則之話語頗多，此不一一列舉。

29 劉寶楠著《論語正義・里仁》，同 24，頁 82。

# 四、結　語

　　湛若水師承陳獻章，但對陳獻章的教人放下書冊靜坐，以及主靜之說，已漸有所修正。他認為「孔門之教，皆欲事上求仁，動時著力。何者？靜不可以致力，才致力即已非靜矣。故《論語》曰「執事敬」，《易》曰「敬以直內，義以方外」，《中庸》戒慎、恐懼、慎獨，皆動以致其力之方也。……善學者必令動靜一於敬，敬立而動靜混矣。此合內外之道也，性之德也。」[30]顯然有取於主敬之說，而想要融合動靜，以為如此才是合內外之道。

　　對於心學，他也另有一番見解，認為「夫聖人之學，心學也。故經義，所以明其心也；治事，所以明其心之用以達諸事者也；體用一原也，而可以貳乎哉？」[31]以為經義所以明體，治事所以達用，其與心的關係，乃是明曉心之體用的關係，而體用則為一源，並不可強分為二。

　　在上述兩段引文中，分別提到了「此合內外之道也」、「體用一原也」，可見其所重的乃在於合而非分。從〈四勿總箴〉的文與序與圖，已可看出其所強調的是一多之間的統一、內外的交養、工夫與道體的合而為一，與湛若水的主張相符，可以視為其思想的代表。

　　按「四勿」之說源自《論語・里仁》所載顏淵向孔子問仁，孔子雖以「克己復禮」答之，並以「非禮勿視，非禮勿

---

30　湛若水著《湛甘泉先生文集・答余督學》，同 1，頁 228。
31　湛若水著《湛甘泉先生文集・泰州胡安定先生祠堂記》，同 1，頁 958。

聽，非禮勿言，非禮勿動」回答顏淵「請問其目」的再度提問。整個問答的關鍵乃在於仁、禮的關係。《論語‧八佾》記載：「子曰：『人而不仁，如禮何？人而不仁，如樂何？』」[32]可見禮、樂的根本乃在於仁，故知仁與禮、樂的關係其實又是體用的關係。

　　就仁而言，孔子曰：「夫仁者，己欲立而立人，己欲達而達人。」[33]劉寶楠《論語正義》曰：「仁者己欲立而立人，己欲達而達人，己立己達，忠也；立人達人，恕也；二者無偏用之勢。」[34]由忠而恕，推己以及人(物)，此即〈四勿總箴〉所欲達致的，孔、顏之指所在的「合內外之道」的「一貫之教」。而此「合內外之道」又是「體用一原」的，則吾人為學除了要講明本體之心以外，舉凡經義、治事等日用所應注重的功夫也應致力，以合乎〈四勿總箴〉所想要達到的「推程氏之意以達孔、顏之指」的目標。

　　　　——原發表於 2017 年 11 月廣州增城「湛若水思想與
　　　　現代社會」高峰論壇暨《湛若水叢書》研討會

---

32朱熹著《論語集注‧八佾》同 4，頁 82。
33朱熹著《論語集注‧雍也》同 4，頁 123。
34劉寶楠著《論語正義‧里仁》，同 24，頁 82。

# 參、王陽明「四句教」本旨試探 及其現代意義

## 一、四句教的提出與解讀的歧異

　　四句教為王陽明晚年所立的重要教法，據《年譜》五十六歲條下所載：王陽明嘗自謂：

　　我年來立教，亦更幾番，今始立此四句。[1]

　　次年（明嘉靖七年，1528），王陽明卒於平定廣西思恩、田州回師途中，故四句教可視為王陽明的晚年定論，足以作為王陽明一生教法的總結，而了解其教人的本旨所在。

　　按有關四句教的記載分見於《傳習錄》、《年譜》及《王龍溪全集》，三者所載雖然大略相同，但前兩種為錢德洪（字洪甫，號緒山）所記，在語氣上似較近於傳述；後一種為王畿（字汝中，別號龍溪）所撰，行文時顯已多所發揮。固然

---

1　王守仁著，吳光、錢明、董平、姚延福編校《王陽明全集》下冊，上海：
　　上海古籍出版社，1992 年 12 月第 1 版，頁 1307。

兩人在記述撰寫時難免會有個人的意見攙雜其中，然以行文的口氣來看，錢德洪所錄應當較接近當時的實況，故以下所論皆以《傳習錄》及《年譜》所載為依據。

據《傳習錄》所載：

> 丁亥年九月，先生起復征思、田，將命行時，德洪與汝中論學。汝中舉先生教言，曰：「無善無惡是心之體，有善有惡是意之動，知善知惡是良知，為善去惡是格物。」德洪曰：「此意如何？」汝中曰：「此恐未是究竟話頭。若說心體是無善無惡，意亦是無善無惡的意，知亦是無善無惡的知，物亦是無善無惡的物矣。若說意有善惡，畢竟心體還有善惡在。」德洪曰：「心體是天命之性，原是無善無惡的。但人有習心，意念上見有善惡在，格致誠正，修此正是復那性體功夫，若原無善惡，功夫亦不消說矣。」[2]

依此可知，王陽明的四句教在提出之後，作為王門教授師的兩位高弟錢德洪與王汝中，在解讀時即有了明顯的歧異。其中關鍵，乃在於第二句「有善有惡是意之動」，錢德洪認為心體雖然無善無惡，但人有習心，意念上便不免有善惡在，所以才會用良知分辨善惡，並作為善去惡的格物功夫；王汝中則認為心體既然是無善無惡，則由心體一貫而下，意念、良知、事物也應該是無善無惡的。因此後人就稱王汝中所講

---

2 王守仁撰，吳光、錢明、董平、姚延福編校《王陽明全集》上冊，同注1，頁117。

的是「四無」；相對而言，錢德洪所講則是「四有」；這種畫
分其實並非十分精確。值得注意的是，錢德洪強調人有習心，
才會有善惡的意念，才必須作復性的功夫。習心來自於後天
之學。至於王汝中則不問習心，不講功夫，一切以無善無惡
的心體貫串下來，則當然不論是意念、良知、事物也都是無
善無惡的，理論上雖講得通，但人活在現實社會中，便避免
不了後天的習染，可是王汝中卻置而不問，所講的便是先天
之學了。

　　既然兩人所講不同，且各有其依據的理念，也無法說服
對方，究竟何者為是？只好趁王陽明出征前夕，趕緊向他請
教，使議論歸一。可是王陽明的答語，乍聞之下，似乎對雙
方都予以肯定，問題也就無法獲得解決。尤有甚者，四句教
雖然是王陽明的晚年定論，但因除上述的一些記載以外，《王
陽明全集》中竟然找不到與四句教直接相關的記述，以致有
人懷疑四句教雖發自王陽明晚年，但其實是未定之論。[3]對此
問題，自王陽明謝世以後，迄今仍聚訟紛紜，成為其學說中
最難以解決的問題。

---

3 黃宗羲著，沈芝盈點校《明儒學案・師說》王龍溪畿條：「愚按：四句教
　法，考之陽明集中，並不經見。其說乃出自龍溪。則陽明未定之見，平日
　間嘗有是言，而未敢筆之於書，以滋學者之惑。至龍溪始云：『四有之說，
　猥犯支離，勢必進之四無而後快。既無善惡，又何有心、意、知、物？終
　必進之無心、無意、無知、無物而後元。』如此，則『致良知』三字，著
　在何處？」臺北：華世出版社，1987年2月台1版，頁8。

# 二、王陽明本旨試探

　　四句教在提出之後，錢德洪與王汝中各有不同的解讀，遂請教於王陽明。據《傳習錄》所述，錢、王二人在分別陳述了自己的觀點，發現存在極大的差異後，又載：

> 是夕侍坐天泉橋，各舉其正。先生曰：「我今將行，正要你們來講破此意。二君之見，正好相資為用，不可各執一邊。我這裡接人，原有此二種。利根之人，直從本原上悟入。人心本體原是明瑩無滯的，原是個未發之中。利根之人一悟本體，即是功夫，人己內外，一齊俱透了。其次不免有習心在，本體受蔽，故且教在意念上實落為善去惡。功夫熟後，渣滓去得盡時，本體亦明盡了。汝中之見，是我這裡接利根人的；德洪之見，是我這裡為其次立法的。二君相取為用，則中人上下皆可引入於道。若各執一邊，眼前便有失人，便於道體各有未盡。」[4]

據此而論，王陽明除對錢德洪、王汝中的看法各有所取，認為王汝中之見適於接引利根之人，錢德洪之見則是為其次之人立法。從表面上看來，對於兩人的看法皆加以肯認，只是適用的對象不同而已，似無左右祖之意。不過《傳習錄》緊

---

4 王守仁撰，吳光、錢明、董平、姚延福編校《王陽明全集》上冊，同注1，頁117。

接著上引記述後，又載：

> （先生）既而曰：「已後與朋友講學，切不可失了我
> 的宗旨：無善無惡是心之禮，有善有惡是意之動，知
> 善知惡是良知，為善去惡是格物。只依我這話頭隨人
> 指點，自沒病痛。此原是徹上徹下功夫。利根之人，
> 世亦難遇，本體功夫，一悟盡透，此顏子、明道所不
> 敢承當，豈可輕易望人！不教他在良知上實用為善去
> 惡功夫，只去懸空想個本體，一切事為俱不著實，不
> 過養成一個虛寂。此個病痛不是小小，不可不早說
> 破。」[5]

這段記載頗值得我們注意，其中包括了三個要點：首先是王
陽明重申自己的宗旨乃「無善無惡是心之體，有善有惡是意
之動，知善知惡是良知，為善去惡是格物。」亦即其宗旨是
世所謂「四有」而非「四無」。其次是利根之人乃顏回、程顥
所不敢承當，王汝中之見雖說是接利根之人的，但既然顏回、
程顥不敢承當利根之人，則所接著何人？最後則指出如不在
良知上實用為善去惡功夫，只憑空想像本體，則一切事為俱
不著實，而養成一個虛寂，將會造成很大的病痛，強調了功
夫的重要。據是，則王陽明雖未明言，其本旨蓋已隱約可見。
　　以上三個要點之中，第二個要點最宜細加探究，蓋所謂
利根之人，不僅為顏回、程顥所不敢承當，即使聖如孔子，

---

5 王守仁撰，吳光、錢明、董平、姚延福編校《王陽明全集》上冊，同注 1，
　頁 117。

恐亦不敢承當，孔子嘗曰：「十室之邑，必有忠信如丘者焉，不如丘之好學也。」[6]又曰：「我非生而知之者，好古，敏以求之者也。」[7]並且明白的自承：「若聖與仁，則吾豈敢？抑為之不厭，誨人不倦，則可為云爾已矣。」[8]考察其為學的歷程與進境，自「十有五而志於學」，經過「三十而立」、「四十而不惑」、「五十而知天命」、「六十而耳順」，才能達到「七十而從心所欲，不踰矩」而契合本體的化境。[9]則所謂利根之人，恐怕也只存在於理論之中，則在現實社會中的每一個人，又豈能忽略實地作功夫的重要？

　　即就王陽明自己而言，一生之中也是經歷了許多的磨練，作了許多實地的功夫。其犖犖大者，首為當他在正德元年（1506），南京科道官戴銑等以諫忤旨，為宦官劉瑾逮捕繫獄，抗疏救之，亦被捕下獄，廷杖四十，貶貴州龍場驛丞。次年，在赴龍場驛途中，劉瑾遣人跟蹤，欲加殺害，王陽明只好偽裝投江才免於被殺。其後逃難至福建寺中，寺有異人，與論出處，且將遠遁。其人曰：「汝有親在，萬一瑾怒逮爾父，誣以北走胡，南走粵，何以應之？」當此之際，究竟是保存自己性命重要？還是避免父親受牽連被害重要？確實需要一番動心忍性的功夫。在幾經思慮之下，終於決定到南京省親後，赴龍場驛就任。

　　次為正德三年，王陽明至龍場，龍場在貴州西北萬山叢

---

6　朱熹著：《論語集注・公冶長》，臺北：大安出版社《四書章句集注》，2005年12月第1版第5刷，頁112。
7　朱熹著《論語集注・述而》，同注6，頁131。
8　朱熹著《論語集注・述而》，同注6，頁136。
9　朱熹著《論語集注・為政》，同注6，頁70-71。

棘中，蠱毒瘴癘，非人所能居。而與居夷狄之人鴃舌難語，
可通語者皆中土亡命之徒。處此惡劣的環境之中，從者皆病，
王陽明親自砍柴取水作糜飼之，又恐其心情抑鬱，又為之歌
詩，調越曲，並雜以詼笑，使其忘懷身在患難之中。因自忖：
「聖人處此，更有何道？」終體會到即使聖人處此境地也會
如己所為，乃於中夜大悟格物致知之旨。雖至此始知聖人之
道吾性自足之理，但能悟知此理亦是從動心忍性的功夫而
來。

　　再其次為正德十四年，王陽明奉旨剿滅福建叛軍，寧王
宸濠於江西舉兵造反，王陽明遂返吉安討伐之，三戰而俘虜
宸濠。這本是大功一件，無奈明武宗自命知兵，群小張忠、
許泰等欲媚事武宗，竟提議將宸濠縱返鄱湖，俟武宗親與接
戰而後奏凱。王陽明的處境又陷入兩難，最後決計為蒼生念，
絕不能縱虎歸山，而將宸濠交付武宗所親信的太監張永。這
種不畏權勢、不顧個人榮利，而以天下生民為念的舉措，也
仍然是實地作動心忍性功夫後所下的決定。

　　由以上三個顯著的事例，可以看出王陽明確實「在良知
上實用為善去惡功夫」，而非「只去懸空想個本體，一切事為
俱不著實，不過養成一個虛寂」，故他在天泉橋問答中最後所
述的話語，其實已有告誡王汝中之意。[10]無奈王汝中未能體
會其師本意，而對四句教作過多的發揮，以致造成王陽明所

---

10 王守仁撰，吳光、錢明、董平、姚延福編校《王陽明全集》下冊：「先生
　曰：『汝中見得此意，只好默默自修，不可執以接人。上根之人，世亦難
　遇。一悟本體，即見功夫，物我內外，一齊盡透，此顏子、明道不敢承
　當，豈可經易示人？』」已明白指出「四無」之說並非教法。同註1，頁
　1306-1307。

預見的流弊，不僅自己飽受抨擊，甚至連累及於王陽明。[11]

# 三、四句教本旨對現代人的啓示

按《論語・憲問》記載：

> 子曰：「莫我知也夫！」子貢曰：「何為其莫知子也？」
> 子曰：「不怨天，不尤人。下學而上達。知我者其天
> 乎？」[12]

所謂下學而上達，何晏《集解》引孔安國曰：「下學人事，
上知天命」[13]下學人事屬功夫，必須盡此功夫才能達到上知
天命的境界，不下功夫而奢言境界，即為玩弄光景矣！

---

11 黃宗羲著，沈芝盈點校《明儒學案・浙中王門學案》郎中王龍溪先生畿
下：「先生之論大抵歸於四無。以正心為先天之學，誠意為後天之學。從
心上立根，無善無惡之心即是無善無惡之意，是先天統後天。……斯言
也，於陽明平日之言無所考見，獨先生言之耳。……唐荊川謂先生：『篤
於自信，不為形跡之防，包荒為大，無淨穢之擇，故世之議先生者不一
而足。』同注 3，頁 239。又秦家懿著《王陽明》：「王陽明的『四句教』，
是他留下的學說的最難解部分，而且引起了數世紀的學術爭執。明末清
初諸大儒，如顧憲成、王夫之、顏元等人，從而指責陽明『陽儒陰釋』，
張烈著《王學質疑》和《讀史質疑》攻王更厲。甚至於謂：『陽明一出而
盡變天下之學術，壞天下之人心。』將王氏說成聖門的萬世罪人。」臺
北：東大圖書股份有限公司，1987 年 7 月出版，頁 154。
12 何晏集解，邢昺疏《論語正義・憲問》，臺北：藝文印書館影印嘉慶二十
年江西南昌府學開雕本《重刊宋本論語注疏附校勘記》，1955 年，頁 129。
13 何晏集解，邢昺疏《論語正義・憲問》，同注 12，頁 129。

　　王陽明講良知，並以致良知為教，其說蓋本之孟子。[14]所謂良知指的是我們天生本來具有的仁義禮智之端，此即本心。但本心每每會受欲望的誘引而喪失，[15]故孟子孜孜以求其放心造誠眾人，曰：

> 仁，人心也；義，人路也。舍其路而弗由，放其心而不知求，哀哉！人有雞犬放，則知求之；有放心，而不知求。學問之道無他，求其放心而已矣。[16]

　　求回放失的本心，讓本心顯現而作主，即是作功夫。在天泉橋問答中，王陽明雖云「利根之人一悟本體，即是功夫，人己內外，一齊俱透了。其次不免有習心在，本體受蔽，故且教在意念上落實為善去惡。」前已析論，所謂利根之人，雖顏回、程顥，甚至孔子皆不敢承當，故實際上只存在於理論之中。故王陽明隨後又說：「人有習心，不教他在良知上實用為善去惡功夫，只去懸空想個本體，一切事為俱不著實，不過養成一個虛寂。」在此兩度提及「習心」，指的是受後天習染、已放失的本心。本心既已放失，則先天所具的仁義禮智等良知良能即受到遮蔽，而無法發揮其應有的功能。

---

14 朱熹著《孟子集注・盡心上》：「人之所不學而能者，其良能也；所不慮而知者，其良知也。」台北：大安出版社《四書章句集注》，2005 年 12 月第 1 版第 5 刷，頁 495。

15 朱熹著《孟子集注・告子上》：「鄉為身死而不受，今為宮室之美為之；鄉為身死而不受，今為妻妾之奉為之：鄉為身死而不受，今為所識窮乏者得我而為之，是亦不可以已乎？此之謂失其本心。」同注 14，頁 466。

16 朱熹著《孟子集注・告子上》，同注 14，頁 467。

　　就身處現代社會的我們而言，距離孔孟的時代相隔已有兩千四、五百年，由於科技的日新月異，提供了生活上的很多便利，但社會風氣相較於以前，已不是那麼篤實淳樸，《老子・十二章》所謂「五色令人目盲，五音令人耳聾，五味令人口爽，馳騁畋獵令人心發狂，難得之貨令人行妨。」[17]其程度已愈演愈烈，人所受到後天的習染也愈來愈嚴重。整體而言，現代社會在利用、厚生方面雖有長足的進展，但在正德方面則顯然有很大的改善空間。

　　所以為了盡量避免後天的習染，不受欲望的過度牽引，不崇尚浮華的風氣，已有不少有識之士倡議反璞歸真，過簡單樸實的生活。則先天的心體雖是無善無惡的，但一落入後天，面對浮華的世界，意念不免會有善有惡，如何運用良知的分辨能力來知善知惡，並確實的去作為善去惡的格物功夫，就顯得特別重要了。故在今日，王陽明的四句教對我們而言，仍具有很大的啟示意義。

　　　　　　　　——原發表於 2009 年 11 月杭州「陽明學派國際學術研討會」

---

17 王弼撰《老子道德經注》，臺北：世界書局《新編諸子集成》第三冊，1972年 10 月新 1 版，頁 6。

# 肆、「八德」究竟是多少德？
# 其要義為何？

## 一、前　言

　　對台北市略有所識者大抵知道，橫貫市區的四條主幹道為忠孝路、仁愛路、信義路、和平路，此外另有一條八德路。其實不僅在台北市，台灣很多地方以「八德」或「八德」中的兩個字命名的地區、學校、道路等所在多有，並不會令人感到特別。

　　對於「八德」，大家一點也不陌生，從入小學接受國民義務教育起，老師經常諄諄教導我們要遵守「四維」「八德」。大家也都知道「四維」是禮、義、廉、恥；「八德」為忠、孝、仁、愛、信、義、和、平。但在小小的年紀中，對事情往往是知其然而不知其所以然，到底「四維」、「八德」是怎麼來的？其確切的意蘊為何？其實並不是了解得很透徹。

　　一直到了高中，由於國文課本節選了《管子‧牧民》為教材，才知道「四維」出自《管子》，也才知道其意蘊為：「禮

不踰節；義不自進；廉不蔽惡；恥不從枉。」[1]但「八德」的出處為何仍不清楚，多方翻查相關資料，都說出於孫逸仙先生的《三民主義・民族主義・第六講》。然而檢視《三民主義・民族主義・第六講》，竟然從頭到尾都找不到「八德」這個詞，倒是屢屢出現「忠、孝、仁、愛、信、義、和、平」這八個字。但這八個字有時是一個字被單獨提出來，有時是兩個字被組合起來運用，算來算去，其實並非八種德，則「八德」究竟是多少德？就很令人困惑了。但不論是多少德，其所寄託的要義究竟是什麼？皆頗值得深究，故本文擬針對這兩個問題，加以分析探討。

## 二、《三民主義》所述「中國固有的道德」

孫逸仙先生在《三民主義・民族主義・第六講》中極力主張要「恢復我們民族的地位」，並且認為恢復民族的地位，「除了大家聯合起來做成一個國族團體以外，就要把固有的舊道德先恢復起來。」[2]哪些是中國固有的舊道德？孫先生所講就是忠、孝、仁、愛、信、義、和、平八個字，但這八個

---

1 尹知章注，戴望校正《管子校正・牧民》，台北：世界書局《新編諸子集成》第五冊，1972 年 10 月新 1 版，頁 1。後來的高中國文課本不再選錄《管子》之文，但所節選顧炎武《日知錄》的〈廉恥〉文中，有「《五代史・馮道傳》論曰：『禮、義、廉、恥，國之四維；四維不張，國乃滅亡。』善乎管生之能言也」之文句，仍可知「四維」乃管仲提出。

2 孫文著《三民主義・民族主義・第六講》，台北：中央文物供應社，1986 年 8 月，頁 75。案之後孫先生又說：「我們舊有的道德，應該恢復以外，還有固有的智能，也應該恢復起來。」同書頁 80。

字究竟是多少德？孫先生的說法似乎並不一致。他首先說：

> 講到中國固有的道德，中國人至今不能忘記的，首是
> 忠孝，次是仁愛，其次是信義，其次是和平。[3]

如此說來，就是「忠孝」、「仁愛」、「信義」、「和平」四種德
了。但孫先生又說：

> 現在一般人民的思想以為到了民國，便可以不講忠字。
> 以為從前講忠字，是對於君的，所謂忠君，現在民國
> 沒有君了，忠字便可以不用，……這種理論，實在是
> 誤解。因為在國家之內，君主可以不要，忠字是不能
> 不要的。如果說忠字可以不要，試問我們有沒有國呢？
> 我們的忠字可不可以用之於國呢？我們到現在說忠
> 於君，固然是不可以，說忠於民是可不可呢？忠於事
> 又是可不可呢？我們做一件事，總要始終不渝，做到
> 成功。如果做不成功，就是把性命去犧牲，亦所不惜，
> 這便是忠。所以古人講忠字，推到極點便是一死。古
> 時所講的忠，是忠於皇帝，現在沒有皇帝，便不講忠
> 字，以為甚麼事都可以做出來，那便是大錯。現在人
> 人都說，到了民國，甚麼道德都破壞了，根本原因就
> 是在此。我們在民國之內，照道理上說，還是要盡忠，
> 不忠於君，要忠於國，要忠於民，要為四萬萬人去效

---

3 孫文著《三民主義・民族主義・第六講》，同注 2，頁 75。

忠。為四萬萬人效忠，比較為一人效忠，自然是高尚
得多。故忠字的好道德，還是要保存。[4]

如此則「忠」與「孝」分開，乃單獨的一種德。孫先生緊接
著又說：

講到孝字，我們中國尤為特長，尤其比各國進步得多。
《孝經》所講孝字，幾乎無所不包，無所不至。現在
世界中最文明的國家，講到孝字，還沒有像中國講到
這麼完全，所以孝字更是不能不要的。[5]

如此則「孝」又是單獨的一種德了。可是孫先生接下來又將
「忠」、「孝」兩個字合在一起講，說：

國民在民國之內，要能夠把忠孝二字講到極點，國家
便自然可以強盛。[6]

在單獨講「忠」講「孝」，又合講「忠孝」以後，孫先生
便把「仁愛」合在一起講了，他說：

仁愛也是中國的好道德，……古時在政治一方面所講
愛的道德，有所謂愛民如子，有所謂仁民愛物，無論

---

4　孫文著《三民主義・民族主義・第六講》，同注2，頁76。
5　孫文著《三民主義・民族主義・第六講》，同注2，頁76。
6　孫文著《三民主義・民族主義・第六講》，同注2，頁76。

對於甚麼事，都是用愛字去包括，所以古人對於仁愛，
究竟是怎麼實行，便可以知道。中外交通以後，一般
人便以為中國人所講的仁愛，不及外國人，因為外國
人在中國設立學校，開辦醫院，來教育中國人，救濟
中國人，都是為實行仁愛的。照這樣實行一方面講起
來，仁愛的好道德，中國現在似乎遠不如外國。中國
所以不如的原故，不過是中國人對於仁愛沒有外國人
那樣實行，但是仁愛還是中國的舊道德。我們要學外
國，只要學他們那樣實行，把仁愛恢復起來，再去發
揚光大，便是中國固有的精神。[7]

顯然是將仁、愛合而言之，如此則「仁愛」即為一種德了。

孫先生接下來講信義時也是一下子分開講，一下子又合
在一起講，如單獨講「信」時說：

中國古時對於鄰國和對於朋友，都是講信的。依我看
來，就信字一方面的道德，中國人實在比外國人好得
多。在甚麼地方可以看得出來呢？在商業的交易上，
便可以看得出，中國人交易，沒有甚麼契約，只要彼
此口頭說一句話，便有很大的信用。比方外國人和中
國人訂一批貨，彼此不必立合同，只要記入帳簿，便
算了事。但是中國人和外國人訂一批貨，彼此便要立

---

7 孫文著《三民主義・民族主義・第六講》，同注 2，頁 77。

很詳細的合同，如果在沒有律師和沒有外交官的地方，外國人也有學中國人一樣只記入帳簿便算了事的，不過這種例子很少，普通都是要立合同。逢著沒有立合同時，彼此定了貨到交貨的時候，如果貨物的價格太賤，還要去買那一批貨，自然要虧本。譬如定貨的時候，那批貨價訂明是一萬元，在交貨的時候，只值五千元，若是收受那批貨，便要損失五千元，推到當初訂貨的時候，沒有合同，中國人本來把所定的貨，可以辭卻不要，但是中國人為履行信用起見，寧可自己損失五千元，不情願辭去那批貨。所以外國在中國內地做生意很久的人，常常贊美中國人，說中國人講一句話比外國人立了合同的，還要守信用得多。[8]

如此則「信」乃單獨的一種德。

孫先生在單獨講「義」時說：

至於講到義字，中國人在很強盛的時代也沒有完全去滅人國家。比方從前的高麗，名義上是中國的藩屬，實在是一個獨立國家，就是在二十年以前，高麗還是獨立。到了近來一二十年，高麗才失去自由。[9]

乍看好像把「義」看作單獨的一種德，可是他對「義」並未多加闡述，就開始將「信」「義」結合起來說：

8 孫文著《三民主義・民族主義・第六講》，同注 2，頁 77-78。
9 孫文著《三民主義・民族主義・第六講》，同注 2，頁 78。

從前有一天我和一位日本朋友談論世界問題，當時適
歐戰正劇，日本方參加協商國去打德國，那位日本朋
友說，他本不贊成日本去打德國，主張日本要守中立，
或者參加德國來打協商國。但是因為日本和英國是同
盟的，訂過了國際條約的，日本因為要講信義，履行
國際條約，故不得不犧牲國家的權利，去參加協商國，
和英國共同去打德國。我就問那位日本朋友說：「日
本和中國不是立過了馬關條約嗎？該條約中最要之
條件不是要求高麗獨立嗎？為甚麼日本對於英國能
夠犧牲國家權利去履行條約，對於中國就不講信義，
不履行馬關條約呢？對於高麗獨立是日本所發起所
要求，且以兵力脅迫而成的，今竟食言而肥，何信義
之有呢？」簡直的說，日本對於英國主張履行條約，
對於中國便不主張履行條約，因為英國是很強的，中
國是很弱的，日本加入歐戰，是怕強權，不是講信義
罷！中國強了幾千年而高麗猶在，日本強了不過二十
年，便把高麗滅了，由此便可見日本的信義不如中國，
中國所講的信義，比外國要進步得多。[10]

如此說來，「信」、「義」可以各是一種德，但「信義」也可以
合起來成為一種德。

　　在對「信」「義」或分言，或合言之後，孫先生便把「和
平」合在一起講，他說：

10　孫文著《三民主義‧民族主義‧第六講》，同注 2，頁 78–79。

　　中國更有一種極好的道德，是愛和平。現在世界上的
國家和民族，只有中國是講和平，外國都是講戰爭，
主張帝國主義去滅人的國家。近來因為經過許多大戰，
殘殺太大，才主張免去戰爭，開了好幾次和平會議。
像從前的海牙會議，歐戰之後的華爾賽會議、金那瓦
會議、華盛頓會議，最近的洛桑會議。但這些會議，
各國人共同去講和平，是因為怕戰爭，出於勉強而然
的，不是出於一般國民的天性。中國人幾千年酷愛和
平都是出於天性，論到個人，便重謙讓，論到政治，
便說不嗜殺人者能一之，和外國人便有大大的不同。
所以中國從前的忠孝仁愛信義種種的舊道德，固然是
駕乎外國人，說到和平的道德，更是駕乎外國人。[11]

如此則「和平」即為一種德了。

　　綜合以上所述，固有道德中的「忠、孝、仁、愛、信、
義、和、平」八個字，依照孫先生所講，歸納起來便有四種
狀況：一為共四種德，即「忠孝」、「仁愛」、「信義」、「和平」。
二為共六種德，即「忠」、「孝」、「仁愛」、「信」、「義」、「和
平」。三為共五種德，即「忠」、「孝」、「仁愛」、「信義」、「和
平」。其實這樣將其歸納為多少種德，是否合乎這八個字的本
義？是否合乎孫先生提出這八個字，並提倡「恢復固有的道
德」的本意？就有探討的必要了。

---

11 孫文著《三民主義・民族主義・第六講》，同注 2，頁 79。

# 三、「八德」是否即八種德？

　　忠、孝、仁、愛、信、義、和、平，既然是八個字，每個字必然有其本義，但略加探究，就會發現這八個字的本義並非皆與德有關，但在引申之後便成為一種德了。比較明顯者如「義」字，《說文解字》云：

　　義，己之威義也。从我从羊。[12]

可見「義」的本義為「威儀」的「儀」，並非指某種德，但後來被假借為「正義」的「義」，乃成為一種德，而另外造了「儀」字來替代其本義。故段玉裁注曰：

　　古者威儀字作義，今仁義字用之。儀者，度也，今威儀字用之。[13]

　　另如「平」字，《說文解字》云：

　　平，語平舒也。从亐八；八，分也。[14]

---

12 許慎著，段玉裁注《說文解字注》，台北：黎明文化事業公司，1978 年 11 月 4 版，頁 639。
13 許慎著，段玉裁注《說文解字注》，同注 12，頁 639。
14 許慎著，段玉裁注《說文解字注》，同注 12，頁 207。

可見「平」的本義為語氣平穩舒緩，與德的關聯不大，但後來引申為安定平和之意，故段玉裁注曰：「引申為凡安舒之偁。」[15]因而與德性相關聯。

　　更巧妙的是每個字或用其本義，或用其假借義、引申義，皆已成為一種德，但將其中的兩個字合起來，又可以成為另一種德。如「仁」、「愛」本來各是一種德，按「仁」字，《說文解字》云：「仁，親也。从人二。」[16]「愛」字，《說文解字》云：「㤅，惠也。从心无聲。」[17]「仁」本來指爾（你）我相親密，偏重於就人際關係而言。故曰「親也」；「愛」則有加惠、賞賜、愛護之意，偏重於就人與物的關係而言，故曰「惠也」；孟子所謂「仁民愛物」是也。[18]但到了後來，兩字的意義已混而不分，因而統稱為「仁愛」，乃合為一種德。

　　又如「和」、「平」兩字本來也是各為一種德，但後來則合稱「和平」而為另一種德。按「和」字，《說文解字》云：「相應也。从口禾聲。」[19]有唱有應，彼此相和，引申而有和諧之義；「平」字本義為「語平舒也」，引申而有平和安定之義；彼此和諧相處，保持平和安定的狀態，因而將此狀態合稱為「和平」。

---

15　許慎著，段玉裁注《說文解字注》，同注 12，頁 207。
16　許慎著，段玉裁注《說文解字注》，同注 12，頁 369。
17　許慎著，段玉裁注《說文解字注》，同注 12，頁 510。按「愛」本作「㤅」，今「愛」字為假借字。
18　有關「仁」的本義，及「愛」字的本字、本義、假借字、假借義的演變情形，因非本文重點，故從略。
19　許慎著，段玉裁注《說文解字注》，同注 12，頁 57。

綜上所述，孫先生將「仁愛」、「和平」各視為一種德，並無不可。引而申之，則將「忠、孝、仁、愛、信、義、和、平」八個字當中可以互相配應的兩個字合為一個詞，如「忠信」、「忠義」、「孝義」、「仁孝」、「仁義」、「仁和」「和信」「平和」……等也可以稱為一種德，如此只要能妥加組合，則「八德」不僅是八種德，而可以成為多種德，為我們遵循奉行了。

## 四、古籍所載的各種德——從二德到九德

按「德」字原作「惪」，《說文解字》云：

> 惪，外得於人，內得於己也。從直心。[20]

段玉裁注曰：

> 此當依小徐通論作「內得於己，外得於人。」內得於己，謂身心所自得也；外得於人，謂惠澤使人得之也。俗字假「德」為之，德者，升也。古字或假「得」為之。[21]

意指「惪」之本義為自己於內在的身心修養上有所得，乃向外推展而施恩澤於他人，有推己及人之意。本作「惪」，後來

---

20 許慎著，段玉裁注《說文解字注》，同注 12，頁 507。
21 許慎著，段玉裁注《說文解字注》，同注 12，頁 507。

假借「德」為俗字，終於導致「德」行而「悳」廢。

內得於己，外得於人的推己及人之道－「德」，在周朝以前並不被特別受重視，原因在於商朝有些帝王認為自己所以能登上大位，乃在於受上天的眷顧，因而十分敬事鬼神，故《禮記‧表記》說：

> 殷人尊神，率人以事神，先鬼而後禮。[22]

後來由於商紂倒行逆施，終於被周武王所滅。周人在滅殷之後，充分體會到天命靡常的道理，遂發展出反求諸己，以敬天保民為主的敬德思想，如《尚書‧召誥》即曰：

> 王敬作所，不可不敬德。……王其疾敬德，王其德之用，祈天永年。[23]

《尚書‧蔡仲之命》也說：

> 皇天無親，惟德是輔。民心無常，惟惠之懷。[24]

---

22 鄭玄注，孔穎達疏《禮記正義‧表記》，台北：藝文印書館影印嘉慶二十年江西南昌府學開雕《重刊宋本禮記注疏附校勘記》，1955年，頁915。
23 孔安國傳，孔穎達疏《尚書注疏‧召誥》，台北：藝文印書館影印嘉慶二十年江西南昌府學開雕《重刊宋本尚書注疏附校勘記》，1955年，頁222－223。
24 孔安國傳，孔穎達疏《尚書正義‧蔡仲之命》，同注23，頁254。

　　自此以後，典籍中即經常出現「德」字，而其所稱之德
從一德到九德皆有之，但一德之一並非數量詞，而係動詞，
其餘各種德大多還不僅一種說法，茲就先秦兩漢典籍所載之
各種德，分別舉一至三例如下：

1、二　德
《左傳・哀公七年》：

　　民保於城，城保於德。失二德者危，將焉保？[25]

杜預注曰：

　　二德，信與仁也。[26]

據此，二德為信、仁。

2、三　德
（1）《尚書・洪範》：

　　天乃錫禹洪範九疇，彝倫攸敘。……六曰乂用三
　　德，……六、三德，一曰正直，二曰剛克，三曰柔

---

25 左丘明傳，杜預注，孔穎達疏《春秋左傳正義・哀公七年》，台北：藝文
　印書館影印嘉慶二十年江西南昌府學開雕《重刊宋本左傳注疏附校勘記》，
　1955 年，頁 1009。
26 左丘明傳，杜預注，孔穎達疏《春秋左傳正義・哀公七年》，同注 25，
　頁 1009。

克。[27]

孔穎達注曰：

> （正直）能正人之曲直。……（剛克）剛能立事。……
> （柔克）和柔能治。三者皆德。[28]

據此，三德為正直、剛克、柔克。
（2）《周禮・地官・師氏》：

> 師氏掌以媺詔王，以三德教國子，一曰至德，以為道
> 本；二曰敏德，以為行本；三曰孝德，以知逆惡。[29]

鄭玄注曰：

> 至德，中和之德覆燾持載含容者也。……敏德，仁義
> 順時者也。……孝德，尊祖愛親，守其所以生者也。
> [30]

據此，三德為至德、敏德、孝德。

---

27 孔安國傳，孔穎達疏《尚書正義・洪範》，同注 23，頁 168-174。
28 孔安國傳，孔穎達疏《尚書正義・洪範》，同注 23，頁 174。
29 鄭玄注，賈公彥疏《周禮注疏・地官・師氏》，台北：藝文印書館影印嘉
慶二十年江西南昌府學開雕《重刊宋本周禮注疏附校勘記》，1955 年，
頁 210。
30 鄭玄注，賈公彥疏《周禮注疏・地官・保氏》，同注 29，頁 210。

（3）《國語・晉語四》：

> 晉公子善人也，而衛親也，君不禮焉，棄三德矣。[31]

韋昭注曰：

> 三德，謂禮賓、親親、善善。[32]

據此，三德為禮賓、親親、善善。

3、四　德

（1）《周易・乾卦・文言》：

> 元者善之長也，亨者嘉之會也，利者義之和也，貞者
> 事之幹也。君子體仁足以長人，嘉會足以合禮，利物
> 足以和義，貞固足以幹事。君子行此四德者，故曰：
> 乾，元、亨、利、貞。[33]

據此，四德為元、亨、利、貞。

（2）《大戴禮記・衛將軍文子》：

---

31　左丘明著，韋昭注《國語・晉語四》，台北：九司出版公司，1978 年 11
　　月 15 日台 1 版，頁 345。
32　左丘明著，韋昭注《國語・晉語四》，同注 31，頁 346。
33　王弼注，孔穎達疏《周易正義・乾卦・文言》，台北：藝文印書館影印嘉
　　慶二十年江西南昌府學開雕《重刊宋本周易注疏附校勘記》，1955 年，
　　頁 12。

> 孔子曰：「孝，德之始也；弟，德之序也；信，德之
> 厚也；忠，德之正也。（曾）參也中夫四德者矣！」[34]

據此，四德為孝、弟、信、忠。

4、五　德

（1）《史記·孟子荀卿列傳》：

> （鄒衍）稱引天地剖判以來，五德轉移，治各有宜，
> 而符應若茲。[35]

據《呂氏春秋·有始覽·應同》及《史記·封禪書》所載，
五德為土德、木德、金德、火德、水德。

（2）《孫子·計篇》：

> 將者，智、信、仁、勇、嚴也。[36]

曹公（操）曰：

> 將宜五德備也。[37]

---

34 孔廣森撰，王豐先點校《大戴禮記補注·衛將軍文子》，北京：中華書局，
　　2013年1月第1版北京第1刷，頁122。

35 司馬遷撰，裴駰集解，司馬貞索隱，張守節正義《史記·孟子荀卿列傳》，
　　台北：藝文印書館據清乾隆武英殿刊本影印，1958年，頁939。

36 孫武撰，曹操等注，孫星衍、吳人驥校《孫子十家注》，台北：世界書局
　　《新編諸子集成》第八冊，頁7。

據此，五德為智、信、仁、勇、嚴。

（3）《論語・學而》：

> 夫子溫、良、恭、儉、讓以得之。[38]

何晏集解引鄭（玄）曰：

> 夫子行此五德而得之。[39]

據此，五德為溫、良、恭、儉、讓。

5、六　德

《周禮・地官・大司徒》：

> 以鄉三物教萬民而賓興之，一曰六德：知、仁、聖、
> 義、忠、和。[40]

據此，六德為知、仁、聖、義、忠、和。

6、七　德

---

37 孫武撰，曹操等注，孫星衍、吳人驥校《孫子十家注》，同注36，頁7。

38 何晏集解，邢昺疏《論語正義・學而》，台北：藝文印書館影印嘉慶二十
　　年江西南昌府學開雕《重刊宋本論語注疏附校勘記》，1955年，頁7。

39 何晏集解，邢昺疏《論語正義・學而》，同注38，頁8。

40 鄭玄注，賈公彥疏《周禮注疏・地官・大司徒》，同注29，頁160。

《國語‧周語中》：

> 王曰：「利何如而內，何如而外？」對曰：「尊貴、明
> 賢、庸勳、長老、愛親、禮新、親舊。然則民莫不審
> 固其心力以役上令，官不易方，而財不匱竭，求無不
> 至，動無不濟，百姓兆民，夫人奉利而歸諸上，是利
> 之內也。若七德離判，民乃攜貳，各以利退，上求不
> 暨，是其外利也。」[41]

據此，七德為尊貴、明賢、庸勳、長老、愛親、禮新、親舊。

## 7、九　德
（1）《尚書‧皋陶謨》：

> 皋陶曰：「都，亦行有九德，……。」禹曰：「何？」
> 皋陶曰：「寬而栗、柔而立、愿而恭、亂而敬、擾而
> 毅、直而溫、簡而廉、剛而塞、彊而義。彰厥有常，
> 吉哉！」[42]

孔安國注曰：

> （寬而栗）性寬弘而能莊栗。……（柔而立）和柔而
> 能立事。……（愿而恭）愨愿而恭恪。……（亂而敬）

---

41 左丘明著，韋昭注《國語‧周語中》，同注 31，頁 50。
42 孔安國傳，孔穎達疏《尚書正義‧皋陶謨》，同注 23，頁 60－61。

亂，治也。有治而能謹敬。……（擾而毅）擾，順也。
致果為毅。……（直而溫）行正直而氣溫和。……（簡
而廉）性簡大而有廉隅。……（剛而塞）剛斷而實
塞。……（彊而毅）無所屈撓，動必合義。[43]

據此，九德為寬而栗、柔而立、愿而恭、亂而敬、擾而毅、
直而溫、簡而廉、剛而塞、彊而義。

（2）《左傳·昭公二十八年》：

心能制義曰度，德正應和曰莫，照臨四方曰明，勤施
無私曰類，教誨不倦曰長，賞慶刑威曰君，慈和遍服
曰順，擇善而從曰比，經天緯地曰文。九德不愆，作
事無悔。[44]

據此，九德為度、莫、明、類、長、君、順、比、文。

（3）《逸周書·常訓解》：

苟乃不明，哀樂不時，四徵不顯，六極不服，八政不
順，九德有奸。……九德：忠、信、敬、剛、柔、和、
固、貞、順。[45]

---

43孔安國傳，孔穎達疏《尚書注疏·皋陶謨》，同注 23，頁 61。

44左丘明傳，杜預注，孔穎達疏《春秋左傳正義·昭公二十八年》，同注 25，
　　頁 914。

45 黃懷信、章懋鎔、田旭東撰《逸周疏彙校集注·常訓解》，上海：上海古
　　籍出版社，2007 年 3 月第 1 版第 1 刷，頁 50-53。

據此，九德為忠、信、敬、剛、柔、和、固、貞、順。

由以上所舉二至九德的例子看來，德的種類少者，如二德，只有信與仁。但到了三德，則有正直、剛克、柔克；至德、敏德、孝德；禮賓、親親、善善；加起來就有九種。他如五德，所引三例共十五種；以至九德，所引三例則多達二十七種。

如將以上所舉二至九德之例中，德的種類數目相加已達七十餘。但以上所舉各德只限於先秦兩漢典籍所載者，且各僅一至三例而已，如將歷代典籍所載的所有例子皆計算進來，其總數必然高達數百千種。由此可知，關鍵並不在總共有多少種類的德，而在於是否能如德之本義所言「內得於己，外得於人」，真正有助於個人的修養，並據以推己及人，以臻於己欲立而立人，己欲達而達人的地步。

# 五、結　語

綜上所述，孫逸仙先生在《三民主義‧民族主義‧第六講》中，認為要恢復我們民族的地位，必須做到三點，其中一點是恢復中國固有的道德。[46] 為此，他提出了「忠、孝、仁、愛、信、義、和、平」八個字來代表固有的道德，但他不僅並未稱這八個字為「八德」，而且在論述固有的道德時，

---

46 其他兩點為：大家聯合起來做成一個國族團體、恢復固有的智能。

將這八個字或組合為四種德，或組合為五種德，或組合為六種德。如依其意推而廣之，這八個字還可以組合成更多種德呢。再就先秦兩漢古籍所載，自二德至九德所舉一到三個例子推之，各種德相加起來，其數甚多，已達不可勝數的地步。因此德的種類究竟有多少，其實並不重要，值得我們注重的是，能否掌握到「內得於己，外得於人」的意涵，亦即掌握到德的要義。

就此立場而言，「忠、孝、仁、愛、信、義、和、平」八個字，可以視為孫逸仙先生所要恢復的「中國固有的道德」之統稱。蓋固有的道德不論有多少種，其實是可以互相包涵關聯，互相發明貫通的。誠如蔣中正先生於民國 23 年（1934）在江西南昌發起新生活運動時，以「禮、義、廉、恥」四維來統攝我們民族固有的一切美德時所言：

> 其實無論「禮、義、廉、恥」，無論「孝、弟、忠、信」，無論「忠孝、仁愛、信義、和平」，或是「智、信、仁、勇、嚴」，雖然德目之多寡，與文字之標示各不相同，而其所指之真實意義，都是互相包涵，互相關聯，可以彼此發明，貫通一致的。……我們現在規定「禮、義、廉、恥」為新生活運動的準則，並不是說丟開其他的德目不要，也沒有分別取捨的意思在內，其真正意義乃是特別選定這簡單明切四個字，拿來統攝我們民族固有的一切美德，使全國國民易於記

憶，易於實行。[47]

　　比照來看，孫逸仙先生在《三民主義·民族主義·第六講》中極力主張恢復固有的道德，特地提出「忠、孝、仁、愛、信、義、和、平」八個字，應該也是想要以此八個字來統攝固有的一切美德。此八個字其實都是德，而且還可以組合而成其他多種的德，故將這八個字統稱為「八德」，並稱「八德」出自於《三民主義·民族主義·第六講》，於理並無不可。當然「八德」之稱只是便於我們記憶而已，最重要的乃是掌握德「內得於己，外得於人」的要義，並且在日常生活中確實體現出來。

　　　　　　　　──原分兩期刊登於《國語日報》民國 109 年 9 月 27 日、
　　　　　　　　　10 月 11 日＜書和人＞專欄第 1425 期、第 1426 期

---

47 蔣介石著，秦孝儀編《總統蔣公思想言論總集·禮義廉恥的精義》，台北：中國國民黨中央委員會，1984 年 10 月出版，頁 192-193。